꼬이고 맺힌 우리 삶, 풀어 새판을 짜자!
시대의 멘토 김열규 교수의 힐링 프로젝트

풀이

꼬이고 맺힌 우리 삶, 풀어 새판을 짜자!
시대의 멘토 김열규 교수의 힐링 프로젝트

풀이 解
[pul:i]

김열규 지음

ViaBook Publisher

프롤로그
풀어야 풀린다

산다는 것, 그것은 성가시다. 때로는 지겨울 정도로 귀찮고 성가신 것, 그게 곧 인생이고 사람으로 살아가는 일이다. 하지만 사노라고 살다 보면 그런 따위, 그런 지경을 면치 못한다. 성가시고 귀찮고 까다로운 것, 그런 것들 따위로 인생은 채워져 있다.

얻다 보면 잃고 거두다 보면 놓치고 채우다 보면 비고 이룩하다 보면 털리기 마련인 것, 그게 인생살이다. 덤터기 쓰고 씌우는 것도 피치 못한다. 걱정거리를 남에게 입히는 것이 덤터기 씌우기고 남에게서 입게 되는 것이 덤터기 쓰기다.

우리들 누구나의 인생은 그런 꼴로 일어서는가 하면 곤두박고, 올라서는가 하면 굴러떨어지게 되어 있다. 오르락내리락하고 기복起伏을 거듭하면서 인생은 꾸려져 나간다. 그래서 인생살이는 파도타기 같은 것이다.

사람들은 더러 조울증躁鬱症을 앓는다. 이 병을 앓게 되면, 조증躁症과 울증鬱症에 번갈아 시달리게 된다. 공연히 마음 들떠서 야단법석을 떨고 요란하게 구는 게 조증인데 반해, 마음이 어둠에 묻혀서 가라앉는 게 울증이다. 우울증이라고 해도 괜찮을 것이다. 그래서 마음이 양지가 되었다 음지가 되는 것을 되풀이하는 것이 곧 조울증이라고 해도 무관할 것이다.

한데 보통 사람들도, 요컨대 정신적으로 이상이 없는 사람일지라도 조울증 비슷한 증세를 경험하게 된다. 환하고 밝은, 그래서 유쾌한 기분을 맛보다가도 전혀 반대로 갑갑하고 답답하고, 그래서 울적한 기분을 맛보기도 하는 것이다. 이건 살아가는 한, 피치 못할 일이다. 해서 인생은 명암, 곧 밝음과 어둠이 엇갈리고 상하의 기복, 곧 오르락내리락함이 되풀이되기 마련이다.

마음이 독수리가 되어 창공을 날아오를 때, 한국인은 '기가 산다'고 했다. '기가 성하다'고도 했다. 반대로 마음이 곤두박이칠 때는 '기가 꺾인다'고 하는가 하면 '기가 죽는다'고 말해왔다. 그래서 한국인은 기가 성하고 기가 죽고 하면서 살아들 왔다. 이를테면 마음의 흥망성쇠를 번갈아 겪으면서 한국인은 목숨을 부지해 왔다.

기가 꺾이는 것은 꼬이고 맺혔기 때문이다. 무언가 일이 풀리지 않을 때, 꼬였다고 한다. 마음에 불편함이 가득할 때, 그 무거운 것이 가슴을 짓누를 때, 맺혔다고 한다. 맺히고 꼬여서는 살 수 없다. 그래서 우리는 먼저 풀어야 한다. 풀어야 살 수 있는 것이다.

'풀이'가 시작이다. 풀이를 통해 감정을 정화하고 에너지를 얻고 한 단계 더 나아갈 수 있다. 그럼 마음이 더없이 밝고 더없이 치솟고 그래서 기가 더할 데 없이 살고 성한다. 그때 우리 한국인은 '신난다'고 말했다. '신바람 난다'고 하는가 하면 '신명을 떨친다'고도 일러왔다. 얻고 따고 거두고 챙기고 이기고 이룩함에 그것이 값지고 멋질 때, 한국인은 신바람이 났다. 신명이 솟구쳤다. 인생이 까마득히, 아스라하게, 높다랗게 고공행진을 하는 바로 그 순간 한국인은 신이 났다. 그래서 삶의 요긴한 고비마다 한국인의 신바람은 불고 또 설레고 했다.

1945년 8월 15일, 우리는 감격에 겨워 거리로 달려나가 민족의 역사에 불어닥친 신바람을 마음껏 발산했다. 그리고 한국전쟁의 잿더미에서 우리는 일어섰다. 산업화로 경제성장을 이루었다. 그러나 그것이 끝이 아니었다. 우리는 또 민주화를 이루어냈다. 그 힘은 신바람이었을 것이다. 시련은 또 찾아왔다. 외환 위기로 인해 국가 부도 위기까지 몰린 우리는 극적으로 재기에 성공했다. 게다가 정보화 시대의 선두주자로 나서게 된다. 그 고비고비마다 신바람을 일으키게 한 원동력이 바로 풀이다.

민족의 맺힘이 광복으로 풀려 신바람이 절로 났던 것이다. 잿더미 속에서 아무것도 할 수 없을지 모른다는 불안과 패배를 풀어냈을 때, 산업화를 이루는 신바람을 낼 수 있었던 것이다. 그리고 이제 우리는 아이티IT 강국으로 우뚝 섰다. 하지만 지금 우리는 또 다른 위기에 직면하고 있다.

우리는 다시 꼬이고 맺혔다. 그럼 신바람도 잦아들고 만다. 풀림이 없으니 신바람이 날 리 없다. 대신 대립과 갈등이 대한민국 사회를 태우고 있다. 우리는 다시 신명으로 일어서야 한다. 그 전에 해야 할 일이 있다. 푸는 것이다. 풀어야 갈등과 대립을 치유할 수 있는 힘과 에너지인 신명을 낼 수 있다.

우리에게 신, 신명, 신바람은 흥분의 용솟음이고 환희의 솟구침이다. 그것은 우리 한국인의 목숨 기운이고 삶의 동력이다. 신바람은 한국인에게 있어 인생의 근본적인 활력이다. 때로는 파릇파릇하고 때로는 불꽃같이 타오르는가 하면, 문득 화산처럼 터져 오르는 원기고 기운이다.

이 책은 한국인의 목숨 바람으로 불어대는 신바람을 다 함께 쐬고자 함이다. 그 시작을 풀이로 하고자 한다. 그래서 다 함께 새삼 신바람을 회오리치게 하고자 한다. 그래서 다들 우리의 삶이 싱그럽기를 바라고 있다. 우리의 생명이 신명으로 발랄하기를 갈망하고 있다.

초겨울 남해 바다에서

김열규

프롤로그 : 풀어야 풀린다   4

1장 우리는 무엇으로 사는가

풀이에서 신명으로   12
마음의 불로 무엇을 태울 것인가   18
터져라 부르짖자 그 신남을   22
넘치도록 쾌락하라   27
멋과 흥이 넘쳐 얼쑤   31
문화를 푸니 한류가 흐른다   37
싸이, 전 세계에 6갑(甲)을 떨다   42

2장 하늘에서 신이 내렸네

까마득한 그 날, 신이 내려 신바람을 타다   50
하늘로 날아오른 왕자   54
거북아! 거북아!   58
하늘과 사람을 중매하다   62
신명으로 설레는 마을   65
해방과 자유의 공간, 장터   70
신명꾼 도깨비   75

3장 흥을 그리니 바람이 불더라

일에도 신바람이   82
삶의 곳곳에 부는 익살   87
재치로 그리고 웃음으로 받는다   92
일손에 나풀대는 신바람   97

꼬이고 맺힌 우리 삶, 풀어 새판을 짜자!
시대의 멘토 김열규 교수의 힐링 프로젝트

풀이

4장 신명을 묘사하니 카타르시스가 온다

반전의 해피엔딩	104
박을 타라 신명을 타라	107
고소해서 신이 난다	111
아! 그 여인을 다시 만나다니	115
가면 뒤의 카타르시스	118
희비의 쌍곡선	121
호랑이는 뒹굴, 오누이는 덩실	126

5장 남김없이 터뜨려라

호모 루덴스	132
나는 것은 마음인가? 연인가?	137
활활, 불길 오르듯 신바람 날리고	141
뛰고 타고 올라라	145
돌고 돌고 돌고	154
덩실덩실 어깨의 신명	159
탈로 풀다	164
열두 발 상무상무	172

6장 새판을 짜자

우리 시대의 해원을 찾아서	180
스테이츠맨을 바라며	185
리더십의 신바람	188
이런 대통령을 꿈꾼다	192
에필로그 : 신바람을 되돌아보며	195

1장

우리는 무엇으로 사는가

풀이에서 신명으로

프리기아는 고대 소아시아 중부에 있던 나라다. 내전에 휩싸인 프리기아 사람들은 신에게 혼란을 종식시킬 방법을 물었다. 이륜마차를 타고 오는 이가 왕이 되어 안정을 가져올 것이라는 신탁이 내렸다. 그때 고르디우스가 마차를 타고 나타났다. 고르디우스는 프리기아의 왕이 되었고 자신의 마차를 신께 바쳤다. 그런데 그때 고르디우스는 마차를 풀리지 않는 매듭으로 신전에 묶었다. 그것이 바로 고르디우스의 매듭이었다.

 많은 사람들이 그 매듭을 풀려 했지만 풀 수 없었다. 그리고 시간이 지나 알렉산더가 나타나 그 매듭을 단칼에 잘라버렸다. 풀리지 않는 매듭의 신화는 거기에서 끝이 난다. 때로는 단칼에 끊어내야 할 때도 있을 것이다. 그러나 끊어진 밧줄은 이어지지 않는다. 그것이 사람과 사람의 일이라면 더욱 그러하다.

어떻게 보면 단절은 쉽다. 등을 돌리고 쳐다보지 않고 이야기하지 않고 서로를 적으로 여기면 그뿐이다. 아니면 그저 무관심할 수도 있다. 각자의 인생도 그렇다. 과거와의 단절을 선언하고 새로 태어났다고 할 수도 있을 것이다. 그러나 현재의 나는 이전의 나로부터 왔다. 커다란 흐름에서 우리는 같은 길을 걷고 있다. 완벽한 단절은 있을 수 없다. 그래서 단절은 과거를 인정하지 않고 이룰 수 없다. 그리고 과거를 인정한다는 것은 현재를 긍정하는 힘이 된다.

과거를 인정하는 것, 그것은 용서일 수도 있고 화해일 수도 있고 벽을 쌓는 일일 수도 있다. 하지만 그것이 무엇이든 먼저 필요한 것은 과거에 대한 태도다. 그것이 시간의 흐름에서는 과거가 되지만 공간의 범위에서는 나와 타자와의 관계가 된다. 그러나 문제는 단절이 모든 것의 해결책이 되지 않는다는 사실이다.

잘린 매듭은 다시 이어도 상처가 남는다. 그래서 자르는 것보다 더 힘들지만 중요한 것이 푸는 것이다. 푼다는 것, 풀이라는 것은 시간과 공간의 흐름 속에서 이해되어야 한다. 과거와 현재를 화해시켜 미래를 이끄는 첫 번째가 푸는 것이다. 나와 타자를 이해하고 새로운 관계를 정립시키는 시작도 풀이다. 그것은 단순히 사람과 사람의 관계에만 국한되지 않는다. 사람과 제도, 사람과 조직,

조직과 조직, 세력과 세력의 관계에서도 마찬가지로 적용된다. 풀어야 풀린다.

그런데 우리는 지금 풀려는 노력을 하고 있는가? 풀이라는 말을 잊은 것은 아닌가? 풀기 전에 끊어버리려 한다. 상처가 흉터로 남아 오랫동안 갈등의 씨앗이 될 것은 염두에 두지 않는다. 중요한 것은 지금 당장뿐이다. 하지만 풀리지 않으면 불안이 지속되는 현재의 평화도 오래가지 않는다.

풀어야 산다. 풀이를 시작했을 때, 답이 나온다. 우리 한민족은 부단히도 풀어오면서 살았다. 우리 민속 중에 살풀이가 있다. 나쁜 기운을 풀어 좋은 일이 오기를 바라는 마음에서 행하던 의례였다. 그것은 또한 우리 삶의 곳곳이 풀어야 할 것으로 가득함을 말하기도 한다.

지금 다시 풀이를 이야기하는 것은 우리 사회 곳곳이 맺혀 있기 때문이다. 뒤에 설명하겠지만 지금 우리는 지독히 맺힌 사회를 살고 있다. 이제는 풀어야 한다. 그리고 푸는 것은 시작이다. 맺힘이 풀림으로써 우리는 새로운 에너지인 신바람, 신명을 얻을 수 있다. 갈등과 대립을 풀기 위한 사회적인 노력은 어쩌면 오늘 이 시대의 살풀이일지도 모른다.

풀리면 심을 보고 싶을 것이다. 그래, 바로 심이다. 얽히고설킨, 험하디험한 산길을 뛰게 만들고 덩실덩실 춤이라도 추게 만드는 그런 심 말이다. 산삼을 찾는 심마니에게 심은 산삼이다. 심마니에게 산삼이 심이듯 누구에게나 심은 있을 것이다. 그런데 그 심을 찾으려면 바람을 타야 한다.

심을 찾는 바람, 바람이 불어야 한다. 모든 일은 작은 것에서 시작된다. 작은 실마리 하나가 커다란 문제를 해결하는 계기가 된다. 마찬가지로 작은 문제 하나가 엄청난 사건을 만드는 기미가 된다. 강력한 바람의 시작도 처음은 미약하다. 바람을 불게 하는 실마리를 우리는 풀이에서 찾아야 한다.

풀리면 바람이 분다. 그 바람은 신바람, 신명이다. 풀리지 않으면 신바람이 나지 않고 신바람이 나지 않으면 아무것도 할 수 없다. 그런데 한 번 풀리기만 하면 모든 것을 할 수 있다. 풀림과 신바람이란 그런 것이다. 할 수 없던 것을 하게 하고 고통스러운 것을 즐겁게 만들고 힘들었던 과정을 열매로 만드는 것이다.

우리는 너무 오래 신바람이란 말을 잊고 살았다. 하지만 신바람은 한국인의 내림이고 핏줄이다. 까마득한 선사시대에서 오늘날까지 이어져온 우리 한국인의 정신이 바로 신바람이다. 그러기에 우리는 삶의 고비고비에서 신명에 지펴 살았고 신바람을 날렸다. 신바람은 한국인이 거두게 되는 성공과 성취의 짝이 된다.

풀었다면 신바람, 신명을 내야 한다. 신바람을 어렵게 생각할 필요 없다. 신바람은 긍정이다. 우리는 고단한 삶의 일상에서 기쁨을 찾아냈다. 그리고 그 기쁨으로 고단한 일상을 채웠다. 그럼 고단한 일상은 활기찬 삶이 되었다. 그것은 신바람으로 삶을 긍정

했기 때문이다. 긍정은 곧 에너지가 된다. 그 에너지는 무엇이든 할 수 있게 만든다. 그것을 신바람 났다고 하는 것이다. 하지만 반대로 부정의 칼바람이 일면 아무것도 할 수 없게 된다.

하지만 지금 대한민국에 부는 바람은 신바람이 아니라 칼바람이다. 세한歲寒 북풍이다. 가정에서, 학교에서, 직장에서, 사회에서, 정치판에서, 칼바람이 몰아치고 있다. 칼바람을 잠재우고 신바람을 내기 위해서는 원인을 풀어야 한다. 그래야 칼바람을 이길 신바람을 날릴 수 있다.

신바람은 조화다. 조화란 또한 풀이의 또 다른 얼굴이다. 때문에 신바람은 갈등과 대립을 넘어 하나가 되는 힘이 된다. 조화를 이룬다는 것은 맺힌 것이 풀려 통합된다는 것을 의미한다. 자, 보자. 흥겨운 축제는 엄숙한 의식으로 시작된다. 경건히 신에게 제를 올림으로써 마을의 축제는 시작된다. 하지만 곧 마을은 흥성흥성 왁자지껄한 축제의 장으로 변한다. 거기에서 갈등이 표출된다. 사람과 사람 사이의 갈등은 마음속에 꼭 쥐고 있으면 풀리지 않는다. 드러내고 이야기하고 격하게 표현된 후에야 사람을 이해할 수 있게 된다. 그 조화의 과정을 관통하는 것이 풀이다. 서로를 이해하게 만들고 그럼으로써 갈등을 이겨내고 새로운 관계를 설정하게 하는 것은 조화롭게 살고자 하는 바람을 공유하고 있기 때문이다. 그 조화를 이루게 하는 것, 서로를 인식하고 잘 살아보자고 다짐하게 하는 그것이 풀이가 만드는 신바람이다.

신바람은 또한 카타르시스다. 묵은 체증이 내려가면 몸도 마음도 가벼워진다. 그때 우리는 또 신바람을 타게 된다. 그런데 묵은 체증이 내려가려면 마음을 바꿔먹어야 한다. 마음을 바꾸는 것도 바람을 타지 않으면 할 수 없다. 그 계기가 되는 것이 신바람이다. 그래서 신바람을 타면 마음이 넓어진다. 전에 보지 못했던 것을 볼 수 있게 되고 전에 하지 못한 것을 할 수 있게 된다. 그것이 바로 신바람의 힘이다.

모처럼 갠 하늘에 회오리쳐 오르는 드맑은 바람 기운 같은 것, 커다랗게 원을 그리면서 창공을 맴도는 수리의 날갯짓 같은 것, 우리들 한국인의 신은 이런 것을 닮아 있을지도 모른다. 암수가 짝을 지어서 춤바람에 넋을 잃고 있는 학의 춤사위 같을 수도 있을 것이다. 그렇고 그런 게 우리들의 신이다. 신바람이고 또 신명이다.

시대정신이란 말이 있다. 한 시대를 이끌어가는 정신을 말한다. 그런데 지금 우리의 시대정신이 무엇인지 모르겠다. 갈등과 대립이 시대정신이 된 듯한 느낌까지 받게 된다. 갈등과 대립을 이겨낼 방법이 무엇일까? 그 해답의 시작을 풀이에서 찾는다. 그럼 신바람이 불 것이다.

마음의 불로 무엇을 태울 것인가

우리는 울화증이라는 또 다른 맺힘과 마주하고 있다. 울화^{鬱火}의 '울'은 '성가시다', '이랬다저랬다 갈팡질팡한다'로 풀이된다. 또한 '산앵두나무 울'이라고 읽는 '울^鬱'은 긍정적으로는 '왕성할 울'이고 '기가 성할 울'이다. 하지만 부정적으로 읽으면 '답답할 울', '막힐 울', '기분 언짢을 울'이 된다.

지금 우리의 울은 부정에 가깝다. 울분^{鬱憤}의 울도 마찬가지다. 맺히고 눌리고 하다못해 마침내 불길로 폭발할 수밖에 없는 마음의 지옥, 그 울화증은 또한 우리 마음의 맺힘이다.

'화가 난다'고 하면 마음에 불이 났다는 뜻이다. 화는 아예 한자로 불 화^火 자를 쓴다. '화통^{火筒}이 터진다'고 할 때, 마음은 아예 타오르고 있는 불길을 담은 통이 된다. '화통을 삶아 먹었나?'라고 할 때도 마찬가지다.

화는 우리가 가진 하나의 심성이다. '화딱지'가 나는 게 한국인이다. '화기火氣'가 하늘을 찌른다면서 우락부락하는 게 우리다. '홧김'에 물불 안 가려야 한국인이다. 화병은 한국인다운 마음의 고질병이다. 우리는 바로 '화인火人'이기 때문이다.

애가 타고 애간장이 타고 간이 탄다. 뿐만 아니라, 가슴이 타고 속이 탄다. 여기에서 애는 애간장과 마찬가지로 창자를 가리킨다. 그러니 간까지 치면 우리의 그 오장육부가 모두 불길에 휩싸이는 꼴이 된다. 억울하고 분해서 마음이 맺히다 못해 이글이글 타오르기는 울화나 화나 마찬가지다.

우리는 그것을 어떻게 풀어왔을까? 앞서 말한 바와 같이 원한이 자상으로 말미암은 경우나 타상으로 말미암은 경우나 우리는 노래를 불렀다. 팔자타령이며 신세타령이 그것이었다.

> 아리랑 아리랑 아라리요
> 아리랑 고개를 넘어간다.
>
> 아리랑 고개는 무슨 고갠고
> 굽이야 굽이가 눈물의 고개

〈아리랑〉은 우리의 상징적인 신세타령일 것이다. 하지만 신세타령은 그저 한탄으로만 끝나지 않았다. 우리는 전통적으로 그 신세타령으로 마음 아림에 시달리고 슬픔에 젖어들기만 하지 않았다. 삶의 곡절이며 이치를 들여다보면서 깨달음의 경지에 들었고 스스로를 달래고 다스리면서 체관의 경지에 들기도 했다. 마음 넓게, 눈길 밝게, 삶의 숨은 진리와 그 이치를 알아내는 것이 곧 체관이요 달관이다. 그게 맺힌 것의 풀이가 됨을 우리는 알았다.

삶은 풀고 삭여야 하는 것이다. 그래서 우리는 풀어야 했다. 마음의 맺힌 옹이와 풀리지 않는 매듭의 고리를 풀어야 했다. 그때 또 〈아리랑〉을 불렀다. 〈아리랑〉은 한 많은 맺힘의 소리이자, 풀이하는 소리기도 했던 것이다. 한 맺힌 웅얼거림이면서도 한을 삭이는 중얼댐이기도 했던 그것이 다름 아닌 〈아리랑〉이다.

  청청 하늘엔 잔별도 많고
  이내 가슴엔 수심도 많다

〈아리랑〉은 수심에 겹다. 그러나 수심이 끝은 아니다.

  정든 님이 오셨는데 인사도 못해
  행주치마 입에 물고 입만 방긋

방긋거리기도 하는 게, 또 〈아리랑〉이다. 맺히다가도 풀리는 게 〈아리랑 타령〉이다. 이처럼 풀이는 한국인의 심성에서 또는 민속에서 큰 몫을 맡았다. 풀이는 우리의 삶에서 그만큼 요긴한 것이다. 해결하고 청산하지 않으면 다음을 기약할 수 없는 법이다. 삶의 무엇에서든 어디에서든 우리는 새로운 에너지를 찾아냈다. 갈등에서 화합을 찾았고 역경에서 희망의 씨앗을 심었다. 우리는 그렇게 살아왔다. 신나게 살자는 것은 새로운 것이 아니다.

마음에 불이 있다는 것은 무엇을 활활 태울 에너지가 있다는 것이다. 문제는 그 불로 자신을 태울 것이냐 아니면 용광로를 데워 새로운 미래를 주조할 것이냐다. 마음의 불이 풀려 제대로 된 방향을 찾으면 하지 못할 것이 없다.

터져라 부르짖자 그 신남을

우리 한국인만의 부르짖음이 있다. 그 말은 온전히 뜻을 살려 외국어로 옮길 수 없다. 한자를 쓰는 일본어나 중국어로도 번역되지 않음은 물론이다. 그 말은 바로 "야, 신난다!"이다. 우리는 '신바람 사람'이다. 신이 나고 신명을 내고 신바람을 피우면서 비로소 우리는 살아간다. 신바람은 삶의 기운 가운데서도 가장 으뜸가는 기운이다.

'신난다'고 하는 그 '신'의 어원을 따지기는 좀 성가시다. 국어사전에서는 '신'이 두 가지로 풀이되어 있다. 하나는 순 토종 한국말이고 다른 하나는 한자어인 신神이다.

토종 한국어인 신은 사전에서 '흥미와 열성이 생겨 매우 좋아진 기분'이라고 뜻이 매겨져 있다. 흥이 돋우어져서 기쁘기 한량없는 마음, 그것을 우리 한국인은 신이라고 일러왔다. 재미가 왕창 나고 기분을 좋게 하는 심경, 그게 곧 신이라고 해도 큰 잘못은 없을 것이다. 그럴 때, 마음은 가볍고도 시원할 것이다. 한여름 땀 흘린 끝에 샤워하는 것과 같을 것이다.

한데 그 신과 발음이 같은 말에 신神이 있다. 말할 것도 없이 '귀신鬼神 신神'이다. 그 신神은 또한 '신령神靈 신'인가 하면 '신명神明 신'이기도 하다. 한데, 순 토종 말인 '신'과 한자인 '신神'은 우선 발음이 같다. 서로 어울려서 쓰였을 가능성이 높다는 말이다. 거기다 뜻도 엇비슷한 부분이 있어 연동되었을 가능성도 충분하다. 때문에 우리말 '신'과 한자 '신神'이 때로는 맞물려 쓰였을 것이다.

이 맞물림은 무엇보다 '신 기운'이란 말에서 잘 드러난다. 신 기운이란 뜻의 신기神氣를 사전에서는 '만물 생성의 원기'라고 풀이한다. 문자 그대로 '신神의 기운'이란 만물이 생겨나는 싱싱하고 시퍼런 기운을 의미한다. 그것은 신의 기운이 이 온 세상의 생동하는 기운이라는 생각 때문일 것이다. 들판이 펼쳐지고 산이 솟구치고 하는 것도 신 기운 탓이라고 여긴 것이다. 초목이 푸르고 강에 물살이 넘치고 하는 것 역시 신 기운에 힘입은 것이라고 여긴 것이다.

그러고 보면, 여기에서 우리의 특이한 신神에 대한 생각과 신이라는 개념을 이끌어낼 수 있을 것이다. 하늘과 땅, 온 세상의 에너지 그게 바로 우리에게는 신(神)이었다. 우주의 에너지의 또 에너지, 그게 곧 신이라고 믿었던 것이다.

이같이 한국인이 원천적으로 간직하고 있던 신(神)에 대한 생각은 존중되어야 한다. 중국에서 또는 서구에서 신의 개념이 들어오기 이전, 우리는 우리만의 신의 개념을 가지고 있었다. 자연과 우주에 넘쳐 있고, 온갖 목숨 누리고 있는 것들이 간직하고 있는 근원적인 생기, 그 생명의 기운, 그것이야말로 한국 고유의 토박이 신(神)이었던 것이다.

신명 나는 그 신과 귀신의 신(神), 그 둘이 하나로 어울려 오늘날 우리의 신바람이 되어야 한다. 어렵고 힘겨울수록 그래서 꺾임이며 맺힘이 부담스러울수록, 반사적으로 일어서야 한다는 불굴의 의지란 그 다부진 말이 말로 그쳐서는 안 된다. 지금 대한민국의 경제는 세계 10위에 들 정도다. 스포츠로도 남부러울 게 없을 경지에 다다라 있다. 정보통신으로도 일등이다. 그리고 이제는 우주 과학을 개척하고 있다. 대중 예술로도 남들에게 뒤지기는커녕, 앞장서 한류를 만들고 있다.

지금 우리의 기는 충천해야 한다. 사기가 승승해야 한다. 우리들 누구나, 각자의 안에 이글대고 있을 신명의 신과 귀신의 신이 어울린 신명을, 신바람을 사회적인 차원으로, 민족적인 차원으로 떨치고 피워댈 수 있어야 한다. 바로 이 점 때문에 우리말 '신'과 한자 말인 '신(神)'이 맞대어 쓰이게 된 이유를 찾은 것이다.

신神과 인간의 관계를 두고서 한국인들은 여러 가지 말을 써왔다.

신이 오른다, 신이 내린다, 신에 들린다, 신에 지핀다, 신 기운 탄다

이런 말들은 우리의 입에서 흔하게 오르내렸다. '신이 오른다'는 것은 신 기운이 사람에게 올라붙음을 가리킨다. '신이 내린다'는 말은 하늘 높은 데 있는 신이나 신 기운이 사람 몸속에 또는 마음속에 내려앉음을 의미한다.

'신에 들린다'고 할 때, 그것은 신 기운이나 신 자체가 인간 속에 들어앉게 됨을 가리킨다. '신에 지핀다'는 '신에 들린다'와 비슷한 말인데, 신 기운이 인간 속에 채워져서 인간 그 자신이 신이 되다시피 함을 의미한다. '신 기운 탄다'고 하면, 신의 기운을 인간 자신의 몸 안에 간직하게 되었음을 의미한다.

이들 어느 것이나 필경은 '신인일체', 곧 신神과 인간의 하나 됨을 일러준다. 그래서 사람은 신 기운이 솟고 신명에 들리고 또 신이 나고 신바람이 나서는 신바람을 피우게 된다. 우리 한국인은 신바람 타는 사람들이다.

우리말처럼 신이 나면 마음이 하늘에 오른다. 둥둥 허공에 뜬다. 흥청망청으로 흥이 나게 된다. 재미나고 유쾌해진다. 마음에 걸릴 게 없고, 마음을 막을 게 없다. 마음 내키는 대로 뭐든 해치울 수 있다. 그렇게 우리는 '만능인'이 된다.

인생은 막힘없는 한길로 틔고 마음먹은 뜻은 거리낌을 모르고 내달릴 것이다. 그래서는 운수 대통하게 된다. 이처럼 우리말 '신'은 한자 말 '귀신 신神'과 서로 어울렸다. 신이 나면 한자 말의 귀신 신에 지핀 듯 하게 되고, 귀신 신이 오른 듯 하게 된다. 그렇듯이 한국인은 신나면 신神 기운 탄 것과 마찬가지가 된다. 신이 나나, 신 기운 타나, 별로 다를 바 없게 된다.

신나기나 신 기운 타기나 그 둘이 어울려서 한국인의 엑스터시 ecstasy를 불 질러왔다. 무엇인가 값지고 요긴한 것을 굳게 가슴속에 간직하고는 그것을 뜻대로 이룩해내고자 마음을 굳히면, 그래서 행동에 옮기고자 다짐한다면 그에 따라서 절로 신명이 솟고 신바람은 일어나는 것이다. 그것은 한국인의 한국인다운 본능이고 천성 같은 것이다.

넘치도록 쾌락하라

신남이나 신바람은 즐거움의 극치이기도 하다. 유쾌해서 신이 나고 쾌적해서 신바람이 난다. 그러니 쾌락을 누려서도 신이며 신바람이 나게 되어 있다. 그래서 새삼 신바람과 짝지어 쾌락의 의미를 캐어보게 된다.

우리들은 흔히 '쾌재快哉를 부른다'고 말한다. '좋아!' 소리치고 '근사해!'라고 외치는 것이 쾌재 부름이다. 이건 기분이 좋아 어쩔 줄 모른다는 것을 의미한다. 신나서 신바람 나게 만세를 부르는 것이 쾌재 부르기다.

'얼씨구절씨구 좋구나!' 소리치는 것, 그게 곧 쾌재 부르기다. 이 경우, 쾌快는 무엇보다 우선 '쾌활할 쾌'다. 쾌쾌快快하다면 기분

만점이란 뜻이다. 그래서 '몸 성할 쾌'라고도 읽혀질 수 있다. 기분이 솟구치면 절로 몸도 마음도 성할 것이기 때문이다.

그런가 하면, 쾌는 '빠를 쾌'라고도 읽힌다. 빨리 내달리면, 쾌주快走하면 절로 쾌활할 테니 빠른 것과 기분 좋은 것이 양수겸장을 하게 된 것이다. 한편, 멋대로 굴고 날뛰고 하는 것도 쾌의 의미에 속한다. 질탕하게 제멋대로 굴면 자연스레 유쾌해질 것이기 때문이다.

이렇게 쾌는 흥겹고 신난다. 사람은 누구든 쾌락주의자가 되고 싶어 할 것이다. 한데 그 쾌락이란 개념이 만만치 않다. 다양하고 성가시다. 오죽하면 '쾌락주의'라고 요약될 만한 사상이나 이념이 크게 두 가지 말에 담겨질 정도다. 하나는 에피큐리어니즘 Epicureanism이고 다른 하나는 헤도니즘 Hedonism이다. 쾌락을 추구한 철학자들이 이렇게 두 패로 갈리는 것이다.

영국 록밴드 스컹크 아난시 Skunk Anansie의 음반에 〈헤도니즘〉이라는 곡이 있다. 철학 용어인 헤도니즘은 단순히 '쾌락주의'라고 일컬어지기도 하는데, 그것은 '헤도네'가 채우기, 곧 인간의 욕망 채우기를 추구하기 때문이다. 헤도니즘은 감각적, 육체적 쾌락에 탐닉할 수도 있다. 그 길을 따라서 선善과 행복이 추구될 수도 있을 것이다.

쾌락이란 말에서 쉽고 흔하게 떠올릴 수 있는 것이 헤도니즘의 쾌락일 것이다. 그러나 에피큐리어니즘은 헤도니즘과 마찬가지로 쾌락주의라고 번역되지만 전혀 다른 관점에서 쾌락을 바라본다.

그리스의 철학자 에피쿠로스는 관능적이고 감각적인 쾌락을 추구하는 한편, 윤리적이고 정신적인 차원으로 쾌락을 얻고자 애썼다. 그 결과 욕망을 다스려서 마음의 고요를 얻는 것으로 쾌락을 삼았다. 심지어 진리를 탐구하고 지식을 얻고 하는 것에 대한 사랑이 곧 쾌락으로 인식되기도 했던 것이다.

이렇듯 헤도니즘과 에피큐리어니즘의 두 철학을 보는 것만으로도 쾌락이 하나로 정의되기 어려움을 알 수 있다. 쾌락은 육체와 정신, 감각과 정서 사이에 걸쳐 있다. 심지어 욕망에 허덕대는 것과 욕망을 누르는 것 사이에 엉거주춤 걸쳐 있기도 하다.

헤도니즘의 것이든, 아니면 에피큐리어니즘의 것이든 온 인류가 쾌락을 탐내고 추구하고 누리고 싶어 한 것은 분명하다. 그 점은 오늘날의 한국인에게서도 마찬가지다. 영화평론가인 이효인은 《영화로 읽는 한국 사회문화사》에서 한국 영화의 대표적인 테마의 하나로 쾌락을 들었다. 어쩌면 그것은 당연한 것이다.

하지만 여기서는 쉽게 생각하기로 하자. 뜻이 이루어지고 욕망이 채워지고 하는 그 순간의 환희, 그 기쁨에서 쾌락은 누려지는 것이라고 마무리하고 싶다. 그게 곧 신남의 쾌락이다. 한국인의 신남을 말할 때, 쾌락을 빠뜨릴 수는 없다. 한국인의 한국인다운 쾌락주의가 신이며 신바람에서 제 몫을 다한 것이다.

그런 중에도 젊은이들에게서 신명과 신바람은 더한층 뜨겁고 한결 더 기운차다. 젊음 그 자체가 이미 신명이고 신바람일지도 모른다. 젊은 신명, 젊은 신바람은 어려움과 고난에서 물러나기는커녕 오히려 더 기세를 떨칠 수 있기 마련이다.

나이 든 어른들도 물론 더러더러 신바람이며 신명을 떨친다. 하지만 그것은 휴화산의 불기운처럼 깊이 잠겨 있기 마련이다. 이와는 반대로 젊은이는 신명과 신바람이 수시로 무시로 솟구치는 활화산이다.

그런 젊은이의 신명이며 신바람의 불기운은 쾌락과 곧잘 짝을 짓기 마련이다. 그래서 젊은이는 본능적으로 쾌락주의가 되기도 한다. 한데 젊은이로서는 본능적인 또는 관능적인 쾌락에만 빠져들 수는 없다. 놀고 즐기고 하는 쾌락만 탐내고 말 수는 없다.

높은 뜻을 품고서 헐떡대는 가슴에 사무칠 그 즐거움, 그 쾌락. 값지고 귀중한 것에 부치는 꿈으로 영그는 마음이라서 비로소 느낄 그 즐거움, 그 쾌락. 그렇게 희망에 부푼 가슴이라서 비로소 경험할 즐거움이며 쾌락. 젊은이는 그런 뜻의 쾌락으로 흠뻑 넘쳐 있어야 한다.

멋과 흥이 넘쳐 얼쑤

맺힘과 풂, 그 양단 사이에서 우리들의 삶은 엮어졌다. 그러자니 풀이에도 곡절과 사연이 적지 않았다. 흥이 큰 구실을 맡아내었는가 하면, 멋이 한몫 하기도 했다. 물론 재미도 팔을 걷고 나섰음은 물론이다.

그럼 흥이란 무엇인가? 흥은 한자로 '興'이다. 흥분의 흥이고 흥취^{興趣}의 흥이며 감흥의 흥이다. 사전에서는 '성^{盛}할 흥' 또는 '깨어 일어날 흥'이라고 읽는가 하면, '기뻐할 흥'이라고도 읽힌다. 그래서 시에서 느끼는 감동을 말하는 시흥^{詩興}에 쓰이는가 하면, 요긴한 일을 제대로 마치고 누리게 되는 멋이나 재미를 일컫는 여흥^{餘興}에도 사용되었다. 흥분해서 감흥^{感興}에 젖을 때도 흥은 빠지지 않았다.

흥의 여러 가지 뜻을 살펴보면 흥이란 왕성하게 떨치고 일어나 기쁨에 겨워하는 것임을 알게 된다. 기분이 하늘을 찌르는 경지에 드는 것이 곧 흥이다. 그래서 흥(興)은 '흥청댈 흥'이라고 읽어야 안성맞춤이다. 신나 하면서 야단법석으로 노닥거리는 것이 흥이다. 그것은 신바람과 상통한다.

흥이 있는 삶은 펄펄 기운에 넘친다. 사대육신이 욱신대고 마음도 끓어오른다. 이와는 달리 흥이 없는 삶은 식은 죽이고 잿더미다. 흥으로 삶은 양지가 되고 흥이 삭은 목숨은 음지가 된다.

그래서 흥이 있어 흥에 겨우면, 흥타령이 절로 소스라쳤다. 흥으로 부른 노래가 바로 육자배기다.

       천안 삼거리 흥 능수야 버들은 흥
       제멋에 겨워서 휘늘어졌구나
       에루화 좋다 흥 성화로구나 흥

       발그레한 저녁노을 흥 돋는 저곳에 흥
       넘어가는 낙일은 물에 비치네
       에루화 좋다 흥 성화로구나 흥

       십오야 뜬 달이 흥 왜 이리 밝아 흥
       산란한 이 가슴 더욱 설렌다

> 에루화 좋다 흥 성화로구나 흥

이건 충청도 흥타령이다. 노랫말 중간중간에 '흥' 소리가 요동치고 있다. 그래서도 흥타령이다. 전라도 흥타령이라면 그 후렴에서

> 아이고 대고 흥 성화가 났네 흥

이렇듯이 '흥' 소리가 울리게 되어 있다. 어느 흥타령이나 흥흥거리면서 흥청대고 있다. 엉덩이 휘두르면서 어깨춤이 판을 칠 것이다. 흔들어대는 두 팔의 놀림에 따라서 흥바람이 거세게 소용돌이칠 것이다. 한데 '흥' 소리가 빠지고 없는 전라도 육자배기마저도 흥에 겨운 흥타령이기는 다를 바 없다.

> 내 정은 청산이요 님의 정은 녹수로구나
> 녹수야 흘러내려 갈망정 청산이야 변할 리가 있겠느냐
> 아마도 녹수가 청산을 못 잊어 빙빙 감고 도는구나 헤

이 김소희 씨의 육자배기에서는 그 비유법이 멋지다. 님은 녹수고 나는 청산이다. 청산이 솟아 있으면 녹수는 감돌아서 흐르기 마련이다. 맑은 계곡의 녹수는 청산이 품을 열고는 감싸기 마련이다. 그래서 육자배기가 노래하는 남녀는 천생연분이 될 수밖에 없다.

두 사랑하는 이들은 서로를 붙안고는 흥청대고 또 흥에 겨워할 것이다.

흥타령으로 불러대는 육자배기는 대표적인 전라도 민요다. 그 장단이며 율격의 특색을 따로 일러서 '육자배기 토리'라고도 한다. 이웃 경상도의 '메나리 토리' 또한 그렇듯이 민요의 선율, 이를테면 가락이며 곡조의 특색을 토리라고 부른다. 전라도 말에는 전라도 투가 있듯이 전라도 흥타령에는 '육자배기 토리'가 있기 마련이다.

'남도 계면조'라고도 하는 육자배기는 '미라시도레미'로 구성되며 한 장단이 여섯 박자로 이루어져 있다.

> 허허야 허허야 이히 이히이 네로구나
> 허허 어루 산이로거나, 헤
> 꽃과 같이 고운 님은 열매걸이 맺어두고
> 가지걸이 많은 정은 뿌리걸이 깊었건마는
> 언제나 그립고 못 보는게 무슨 사정이로구나, 헤

이건 박녹주 명창이 부른 자진육자배기다. 꽃다운 님과의 사이가 열매이듯 맺고 익은 사랑이 나뭇가지처럼 얽히고 또 뿌리 깊게 박히기를 다짐하고 있다. 꽃과 열매와 가지와 뿌리에 걸어서 이룩된 사랑의 비유법이 여간 멋진 게 아니다.

그 노랫말의 멋은 '허허야 허허야 이히 이히이 네로구나 / 허허 어루 산이로거나, 헤'라는 여음으로 한껏 살려져 있다. 노래의 멋이, 노래에 담긴 정서의 멋이 이 뜻 없는 소리인 여음으로 흥청대고 있다.

우리의 민요는 고려가요 〈청산별곡〉의 '얄리얄리 얄라셩 얄라리얄라'처럼 뜻 없는 여음의 멋을 한껏 살린다. 그 전통이 자진육자배기에서 아롱지게 거듭나고 있는 것이다. 노래의 흥은 이들 여음으로 더한층 흥청댄다.

한데 흥이 피워대는 이 신명을 멋이 나 몰라라 할 턱이 없다. 멋은 맛과 쌍둥이 낱말이다. 음식이 멋이 나면 그게 맛이다. 일이며 행동에 맛이 붙으면 그게 곧 멋이다. 행동거지나 사람됨이 맛나면, 그게 멋진 것이 된다. '멋', 이 말은 워낙 갖가지로 쓰이고 있다.

멋 낸다. 멋 부린다. 멋들다. 멋거리지다. 멋스럽다. 멋들어지다. 멋지다. 멋있다. 멋스럽다…

이렇듯이 멋은 요란을 떨고 있다. '멋지다'는 여러모로 쓰이고 있다. 차림새가 멋지고 말솜씨가 멋지고 행동거지가 멋질 수도 있다.

'멋 부린다'고 하면 남 보기 좋게 치장하고 근사하게 몸놀림한다는 것을 의미한다. 멋 부리면 누구나 멋쟁이가 된다. 배우나 스타만이 멋 부리는 것은 아니다. 보통 사람도 멋 부림으로 남들 시선을 한 몸에 받을 수 있다. 멋 부린다고 하나 멋 낸다고 하나 다를 것 없다. 이러나저러나 멋쟁이가 되기 마련이다.

그런데 이것만이 멋은 아닐 것이다. 멋은 부리는 것이 아니라 배어나는 것이라는 말이 존중되어야 한다. 겉으로, 밖으로 부리는 멋 말고도 마음 안으로 챙겨지고 다독거려지는 멋이 있어야 한다. 자신이 흥을 가지고 자신의 내면을 채워나가는 그 멋이 귀하게 받들어져야 한다. 인격을 다스리고 인품을 닦고 해서 마음 안이 멋으로 채워지기를 스스로 다그쳐야 할 것이다.

그런 자기 멋에 취하면 흥이 절로 솟구치기도 할 것이다. 인격적인 멋, 사람됨의 멋이 흥을 돋울 것이다. 삶에 흥을 가지고 살다 보면 멋이 자연히 배어 나오게 되어 내면에서는 흥이, 외면에서는 멋이 번뜩이기도 할 것이다.

멋 부리면 절로 흥이 나기 마련이다. 멋 부리는 본인도 흥이 나고 지켜보는 사람도 덩달아서 흥에 취하게 되어 있다. 우리는 흥으로 신바람 돋우듯이 멋으로도 신바람 내게 되어 있다. 그러자니 흥과 멋으로 한국인은 맺힌 마음의 풀이도 실컷 경험하게 될 것이다.

문화를 푸니 한류가 흐른다

백범 김구 선생은 〈나의 소원〉에서 '오직 한없이 가지고 싶은 것은 높은 문화의 힘이다'라고 말했다. 문화는 정신을 배양한다. 이제 우리 문화가 풀리고 있다. 이제 막 대중문화에서 신바람을 내고 있는 것이다. 그러니 우리는 '한류'라는 그 말만으로도 왕창 신이 난다. 어깨가 으쓱하고 콧대가 높아지기도 한다. 한자로 '韓流'라고 쓰는 한류는 문자 그대로 한국의 파도며 물살이다. 겸해서 우리의 바람까지도 의미할 수 있을 것이다. 한국다운 것이 온 세계로 번져가고 있는 크나큰 세력이며 흐름이 곧 한류다.

구체적으로는 일본과 중국은 물론 아시아를 넘어 유럽까지 휩쓴 한국의 문화를 두고 한류라 칭한다. 그야말로 '글로벌한 코리 아니즘', 지구촌에 온통 번져간 한국적인 것이 곧 한류다. '메이드 인 코리아'가 온 세계에 퍼져간 것이다.

한류의 '류'는 풍류의 '류'다. 물의 흐름 말고도 유행流行의 '유'를 가리킨다. 어떤 경향이나 추세를 의미하기도 한다. 한편, 풍류의 '풍'은 본래 '바람 풍'이지만, 풍악의 '풍'이 그렇듯이 시나 음악 또는 노래를 뜻하기도 한다.

지난날 세속에 얽매이지 않고 고상하고 멋스럽게 삶을 즐기는 것을 풍류라고 했다. 대자연의 품에 안겨서 시를 읊고 음악에 심취하는 것은 풍류의 표본 같은 것이었다. 그 본보기가 신선이고, 화랑도는 대선배가 될 것이다. 한류韓流의 '류'에는 그런 풍류의 '류'가 설레고 있다.

오늘날 한류는 '세계류'고 '우주류'다. 그중에서도 온 세계로 번져 나간 한국의 대중예술, 특히 음악과 무용 그리고 드라마며 쇼 등의 공연물 또는 무대예술을 가리키고 있다. 한류라는 말 자체는 본래 중국에서 먼저 사용되었다. 오늘날 새삼스레 그 기원을 따질 것은 없지만, 대중문화로서 한류의 흐름은 일본으로 먼저 흘러갔다. 배용준의 드라마 〈겨울연가〉가 일본에서 선풍적인 인기를 불러일으킨 것이 그 시작이었다. 일본인들은 배용준을 일본식으로 '욘사마'라고 떠받들면서 아이돌, 곧 우상으로 삼고 일약 스타덤에 오르게 했다.

그렇게 불기 시작한 한류는 대중 예술의 모든 장르로 번져나갔다. 앞에서도 언급되었듯이, 음악이며 춤, 드라마며 쇼에서, 또 텔레비전에서 한류 바람은 폭풍처럼 불어댔다. 그것은 놀랄 만한 일이었다. 동북아시아의 구석에 자리 잡은 작은 나라, 남북 분단으로 갈등을 빚고 있는 나라, 1980년대까지만 해도 가난한 후진국가의 처지를 면치 못하고 있었던 초라한 나라가 불과 20여 년 만에 선진국 대열에 올라서게 된 것이다. 개인이라면 벼락부자 소리를 들을 일이다. 세계 안에서 한국이라는 나라가 아이돌이 되고 스타가 된 셈이다. 지리적으로나 문화적으로나 아니면 경제적으로나 어느 한 구석 돋보이는 게 없었던 나라가 문득 하루아침에 세계사의 최전방에 그리고 최정상에 화려하고 당당하게 나서게 된 셈이다. 지구촌의 아방가르드, 곧 전위前衛 부대 노릇을 하고 나선 것이다. 그게 다름 아닌 바로 한류다.

정치·경제적인 한류보다 미리미리 앞장서서 대중문화 또는 대중 예술의 한류가 화려하게 번성하여 온 지구촌을 휩쓸었다. 거대한 문화의 물결을 이루고 대중 예술의 회오리바람이 되었다.

그런 동향 속에서, 오늘날 '아이돌 그룹'이 단연 두각을 나타내고 있다. 민중의 우상이라는 뜻이 담긴 아이돌 그룹은 남녀 통틀어서 30팀이 넘는데, 이들은 이른바 '후크 송Hook Song'을 무기로 삼았다. 후크 송은 이른바 '후킹 효과'를 극대화하고 있다. 짧은 후렴, 되풀이되는 노랫말로 청중의 흥겨움을 북돋우는 것이 후킹 효과다. 가령 '원더걸스'의 〈노바디Nobody〉에서는 '노바디'란 단어가

60회나 반복되고 있다. 그런가 하면 '소녀시대'의 〈지^Gee〉에서는 '지'가 50회 반복된다. 이는 음악으로서 기상천외의 발상이다. 지난 시절 같으면 있을 수 없는 악상^(樂想)이다. 그전 같으면 음악으로 또는 노래로 도저히 받아들여질 수 없었을 것이다. 무슨 잠꼬대고 헛소리냐고 따돌림을 당했을 것이다.

한데 그 엉뚱함이 용케도 들어맞았다. 휘청대는 몸짓이며 춤사위에 어울려서 후킹 효과는 부풀어 올랐다. 때로는 고요한 호수의 잔물결이 되어 살랑대는가 하면, 때로는 거친 한바다의 파도가 되어 너울대기도 하면서 후킹 효과는 이어져갔다.

그것이 한국인의 새로운 신명이 되었다. 청중들은 더러는 가야금 산조의 잔잔한 중모리장단과도 같은 가락을, 더러는 휘모리장단과도 같은 가락을 케이팝^(K-pop) 그룹과 나누어 가졌다. 그것은 한국인의 새로운 신명, 새로운 한류의 신명이 되어서 흥청댔다.

한데 춤꾼들도 남의 잔치 보듯이 이를 가만히 지켜보기만 하진 않았다. 비보이들이 난리를 떨고 나섰다. 2012년 현재 비보이들은 5만 명이 넘는다. 그중 내로라하고 잘난 척해 마땅한 그룹만 해도 열 개가 넘고 인원은 100명이 더 된다. 그래서 비보이의 신바람은 온 나라 안과 바깥으로 불어댔다. 서구의 비틀즈며 로큰롤 따위의 춤과 이어질 법도 하지만 우리의 비보이들은 그 따위 춤은 저리 물러서라고 했다.

비보이들의 춤은 인간의 몸놀림인 동시에 몸짓의 한계에 대한 도전과도 같은 것이었다. 몸통이 날쌔게 굽고 휘고 날렵하게 뒤틀리고 뻗고 했다. 사족이 비행기 프로펠러 돌듯 했다. 족제비가 겅중대고 다람쥐가 껑충대는가 싶으면 이내 토끼가 날뛰고 사슴이 춤추기도 했다. 누워서 바닥거리다가는 앉아서 버둥대고 서서는 할딱거렸다. 공중제비를 앞뒤로 연달아서 되풀이하기도 했다. 그것은 신들린 듯한 몸놀림이었다. 흥분과 도취며 황홀감이 넘쳐 났다.

2008년 베이징 올림픽 전야제에서 그룹 '갬블러'가 공연한 것은, 한국의 비보이가 이미 미국, 프랑스, 이탈리아 등을 따돌리고 세계의 정상에 오른 것을 의미했다. 비보이의 신바람이 한류의 큰 몫을 담당하면서 온 세계로 불어댄 것이다. 상모춤과 농악 풍물놀이의 춤 전통을 온 세계에 걸쳐 되살리면서, 비보이의 춤은 아이돌 가수들의 노래와 어깨동무하고 한국인다운 신명을, 그 한류의 신명을 지구촌에 떨친 것이다.

문화의 신바람이 다시 우리 사회의 맺히고 꼬인 문제를 푸는 또 다른 바람이 될 것이다. 풀이는 신바람을 낳고 신바람은 또 다른 문제를 푸는 원동력이 된다. 그것이 또한 우리의 삶이었다.

싸이, 전 세계에 6갑甲을 떨다

우리들은 앞에서 '한류의 신바람'에 신나게 흔들렸다. 한국의 노래와 춤이 판을 벌이면서 세계인을 흥청대게 한 것을 목격했다. 덕택에 한국이 지구촌을 꿰뚫는 거대한 물살의 수원지가 된 것이다. 그래서 한국의 대중문화가, 민중예술이 글로벌리즘으로 신명을 날린 것이다.

한류가 한국의 세계적인 춤판이 된 바로 그 뒤를 이어서 싸이의 말춤이 또 한 번 지구촌을 한국 춤의 춤판이 되게 했다. 이제 온 세계는 싸이의 말춤으로 흥청대고 있다. 마치 말이 앞발을 들고 울부짖으며 흔들대듯 하는 그 춤사위 탓에 붙여진 이름이 다름 아닌 말춤일 것이다. 한데 여태껏 지구촌에서 대중이 하나로 어울려서 그런 절묘한 춤을 춘 것 같지는 않다. 그런데 온 지구가 말춤의 춤판으로 신명이 돋았다.

말춤에 어우러진 〈강남 스타일〉은 고함치고 소리 지르고 외치고 절규하기도 한다. 그 짧은 박자, 경쾌한 율격에 따라서 춤을 춘다. 남녀가 성적으로 어우러지는 장면이 암시되고도 남는다. 'sexy lady'에게 사내며 오빠는 강남 스타일로 달려들고도 남는다. 그래서 섹시 댄스가 물불을 가리지 않는다. 남녀 관계로서는 '갈 데까지' 이미 가고 있는 기척이 온 무대에 넘친다. 사뭇 숨이 차고 숨결이 가파르다. 그래서 문자 그대로 '싸이 6갑六甲'이 신명을 떨친다. '싸이 6집' 앨범이 요란하게 울린다. 6집, 6갑, 그것은 앨범에 붙여진 번호다.

한데 6집을 구태여 6갑이라고 한 것은 무슨 일일까? 궁금증이 일어난다. 전통 한국말에서 육갑六甲이라면 그것은 본래 '육십갑자六十甲子'의 준말이다. 한데 이 말의 풀이는 쉽지 않다. 하지만 그 쓰임새로 보자면, 사람이 태어난 해에 따라서 쥐띠니 말띠니 등 띠를 갖게 되는 것이 바로 육십갑자 때문이다. 크게는 사람의 운세, 성질이 이에 따라서 달라지고, 작게는 매일의 좋고 흉함도 육십갑자 탓이라고 믿어져왔다. 그뿐만이 아니다. 지세며 방위의 좋고 궂음도 그것에 따라서 달라진다고 믿어져왔다. 사람의 운명을 쥐고 흔드는 기운이라고 해도 지나침은 없는 것, 그게 곧 육십갑자고 또 육갑이다.

그러니까 싸이는 자신의 6집 앨범으로 '육십갑자'만 한 엄청난 기세를 떨치고 싶었는지도 모른다. 천지의 운세, 온 우주의 기운이 자신의 춤을 타고 율동하기를 바랐을지 모른다. 하늘과 땅이 춤추듯 하는 것이 강남 스타일임을 마음속으로 다짐한 것 같다.

한데 공교롭게도 '육갑'에서는 또 다른 말이 연상된다. 이것은 결코 좋지 않은 연상이지만, 그 연상을 영 모른다고 할 수는 없다. 그게 뭘까? 안 됐지만 바로 '병신 육갑'의 그 '육갑'이다.

'육갑 떨지 마!'

'병신 육갑하고 있네!'

이런 악담과 욕지거리에서 육갑은 남의 행동이나 말을 깔보고 얕잡아보는 말이 된다. 병신과 거의 같은 뜻이 되기도 한다.

한데 야릇하게도 '싸이 6갑'의 육갑이 '병신 육갑'의 육갑을 아주 모른 척하는 것은 아닌 것 같다. 우연의 일치라고 할 수도 있을 테지만 만만하게 지나쳐버리고 간단하게 넘길 게 아니라고 짐작하는 것이 마땅하지 않을까?

해서 싸이의 말춤을 정신 나간 듯이 보고 있으면, '싸이 6갑'의 육갑에서 어쩐지 '병신 육갑'의 그 육갑을 떠올리게도 된다. 하지만 이것은 절대로 나쁜 뜻이 아니다. 이 점은 구태여 강조해두는 게 마땅할 것 같다. 더욱이 병신춤을 말하면서 한층 더 크게 강조될 수 있을 것이다. 고故 공옥진 여사의 춤이 그렇듯이 병신춤에는 지체부자유이기에 비로소 나타낼 수 있는 인간 육체의 다이나미 즘^{dynamism}, 이를테면 힘찬 탄력이 넘쳐난다. 그것은 지체가 부자유해서 겪게 되는 마음속 아픔의 승화, 원한의 아름다운 승화다.

한국인들은 여러 가지 춤을 추워왔다. 어깨춤, 허리춤 말고 깨끼춤도 추워왔다. 옥편에서는 깨끼춤을 '난봉꾼의 멋스러운 춤의 한 가지'라고 말한다. 이 세 가지 말고 따로 병신춤도 추었다. 풍물굿을 비롯해 여러 민속놀이에서 병신춤을 췄는데, 우리나라의 유랑 연예인인 광대들이 췄는가 하면, 탈춤에서 추기도 했다. 밀양의 이른바 '병세이굿'에서는 절름발이, 꼽추, 난쟁이, 꼬부랑 할미 등이 병신춤을 추었는데, 그 여세로 공옥진 여사의 병신춤이 한결 두드러져 보이게 된다.

'병신 춤추고 있네!'

이런 욕지거리가 있다고 해서 병신춤이 따돌림을 당해서는 안 된다. 병신춤은 병신춤대로 우리 민속의 대표적인 무용 예술로 자리 잡아온 것으로 강조될 수 있다.

하니, '싸이 6갑'에서 육갑을 병신 육갑의 그 육갑과 연관 짓는 것이 아주 망측하거나 잘못된 것이라고만 받아들이지 않아도 괜찮을 것이다. 민속에서 병신춤을 당당히 춘 그 동력을 우러러보면서 '싸이 6갑'의 춤을 신명나게 추는 것이라고 말해도 괜찮을 듯

하다.

　또한 싸이의 춤은 즉흥성이 강하다. 그런 나머지 군중성이 강하기도 하다. 한자리에 모여든 사람들이 너나 할 것 없이 한 동아리가 되고 한 무리가 되어 춤을 춘다. 그래서 열정이 넘치게 된다. 북받치는 뜨거움으로 온몸, 온 가슴이 달아오르기 마련이다. 그 춤판에서는 누구나 깊은 도취에 빠지게 된다.

　이처럼 즉흥성과 군중성, 도취, 이 셋으로 말춤은 넘쳐난다. 그 세 가지 속내로 신명을 떨치고 신바람을 피울 대로 피워댄다. 한국인만이 춤바람으로 흥청대는 게 아니다. 온 세계가 흥청망청 춤바람을 피워대고 그래서 말춤의 춤바람은 온 지구촌을 신명으로 지피게 된다. 온 지구인은 말춤의 신바람에 도취했다. 지구촌의 전 주민이 환희와 도취의 신명을 피울 대로 피우고 신바람을 낼 대로 낸 것이다. 싸이의 말춤은 세계인을 하나로 만드는 엑스터시의 신바람으로 불어댄 것이다.

2장
하늘에서 신이 내렸네

까마득한 그 날, 신이 내려 신바람을 타다

그게 언제부터일까? 우리 한국인이 신 기운을 타고 신바람을 피워댄 것은 어느 때부터일까? 한국인이면 누구나 피우고 싶고 피우고 있는, 그 신바람의 내력이 궁금하다. 역사를 캐보고 싶다. 그것은 조선을 지나 고려를 거쳐 삼국시대를 넘어서도 더 거슬러 올라가야 하는 일이다.

  우리의 신바람은 아주 멀고 먼 옛날, 까마득한 옛적에 시작되었다. 부족국가 시절에 이미 왕창왕창 흥겹게 신바람을 피워댔던 것이다. 그 신바람에는 으레 신에 지핀 신 기운이 크게 한몫 거들고 있었다. 강원도와 함경도에 걸쳐 있던 예(濊)에 관해 다음과 같은 기록이 있다.

> 매양 시월 달에 하늘에 제사 드릴 때면 밤낮으로 술 마시고 노래하고 춤추었는데, 이를 가리켜서 무천舞天이라고 했다.

예濊에서는 이처럼 흥청대는 잔치판을 벌이곤 했다. 그런가 하면 부여의 신바람도 이에 못지않았다.

> 정월에는 하늘에 제사 올리면서 온 나라 안에 큰 모임을 가졌다. 매일 연달아서 술 마시고 노래하고 춤추고 했는데, 이름 지어서 영고迎鼓라 했다.

하늘에 제사를 올리는 종교행사와 함께 커다란 놀이판이 벌어졌던 것이다. 심지어 이때를 당해서는 감옥에 갇힌 죄수들을 풀어주기도 했다.

예의 무천이나 부여의 영고는 모두 하늘에 제사 드리면서 무리 짓고 벌인 굿판일 것이다. 그것은 천신, 곧 하늘의 신 기운을 사람들이 받아서 신명을 떨쳤다는 것을 의미한다. 그래서 그것을 달리 말하면 신이 났다는 것이다.

특히 '영고迎鼓'를 문자 그대로 우리말로 풀면 '마지(맞이하다) 북'이 될 것이지만, 신라의 이두 문자처럼 고쳐 읽으면 '마지 굿'에 가까워진다고 볼 수 있다. 그렇다면 부여 사람들은 신을 마중해서 신과 더불어 신바람을 피운 게 된다.

내친김에 예의 '무천舞天'도 비슷하게 풀어서 읽어보자. 문자 그대로라면, '춤추는 하늘'이 된다. 그래서 무천은 사람들이 하늘의 기운을 받아서 추어댄 춤이라고 풀이할 수 있다. 그렇게 가상假想한다면 '무천'이나 '영고'는 사람들이 하늘의 기운 또는 하늘의 신 기운을 타고 벌인 잔치판이라고 보아야 할 것이다. 신 기운을 타는 것이나 신바람 내는 것은 둘 다 마찬가지기 때문이다.

한데 신 기운을 타서 피우는 신바람의 또 다른 내력은 원삼국시대로 거슬러 올라간다. 기원 전후부터 A.D. 300년 언저리까지 한반도의 남부에는 삼한이 존재하고 있었다. 삼한 가운데서도 주목해야 할 나라가 마한馬韓이다. 마한에서 우리는 역사적으로 으뜸가는 또 다른 신에 지핀 신바람을 만나게 된다. 경기, 충청, 전라 일대에 걸쳐 있던 마한은 자그마치 54개의 공동체로 구성되어 있었고, 그 공동체마다 별읍別邑이라는 특수 지역이 있었다. 그것을 소도蘇塗라고도 했다. 거기에는 큰 기둥 나무가 세워졌는데 그 나무에는 방울이며 북이 매달려 있었다.

소도에서는 하늘의 신을 모시고 큰 규모의 종교적인 행사를 벌였는데, 천군天君이란 이름의 제주가 그것을 주관했다. 이 굿판은 앞에서 본 예나 부여의 것과 기본적으로는 다를 바 없다. 제주가 천군이라고 일컬어졌다면 당연히 그가 주관해서 섬긴 신은 천신天神일 것이다. 사람들이 천신에 지펴서 신 기운을 돋우며 신이 난 것은 영고나 무천과 다를 바 없었을 것이다.

소도는 굿의 이름이지만 또 한편으로는 지금까지 전해지는 솟

솟대

대의 원형으로 추정된다. 솟대는 마을굿 또는 별신굿에서 섬겨진 신간神竿, 즉 신대로 여겨진다. 솟대를 매개로 사람들은 하늘에서 내리는 신을 맞아 굿판을 벌였을 것이다. 단군신화에 보이는 신단수가 솟대였을 가능성도 점쳐진다.

마한의 소도, 예의 무천, 부여의 영고는 모두 솟대와 같은 신대 또는 나무 기둥을 어깨에 메고 신 내림을 받아서 신바람을 피운 것임이 분명하다. 그렇다. 한국인들은 이미 삼한 시대부터 신바람을 피워왔던 것이다.

하늘로 날아오른 왕자

신이 나면 우리는 이렇게 외친다. "하늘을 나는 것 같아!" 인간은 자신만의 힘으로 하늘을 날 수 없다. 하늘을 난다는 것은 인간의 경계를 벗어난 경지다. 그래서 신이 나면 우리의 마음은 신바람 타고 하늘을 날았던 것이다. 그런데 하늘을 나는 꿈에는 다른 해석이 있다.

누구나 어릴 적, 그러니까 사춘기가 시작될 무렵 우리는 자주 하늘을 나는 꿈을 꾸었다. 늘 꿈은 악마나 맹수 따위의 무서운 것에게 쫓기는 것으로 시작되었다. '오금아, 날 살려라' 냅다 뛰려고 하지만 발은 제자리걸음을 할 뿐이었다. 뛴다고 몇 발자국을 옮길 뿐이었고 당장에라도 어디선가 날아든 손이 목덜미를 움켜쥘 것만 같았다. 한데 바로 그 순간, 난데없이 몸이 붕하고 하늘에 뜬다. 그렇게 무서웠던 존재를 저 아래로 내리 보면서 가볍게 창공을 난다. 잠을 깨어서는 목덜미에 고인 땀을 손으로 훔치면서 살았다는 한숨을 내쉬기도 했다. 이런 꿈을 정신분석학에서는 성 충동과 연관시킨다. 사내아이들의 하늘을 나는 꿈은 성 충동의 발산과 연결되어 있다는 것이다. 모처럼 성에 눈떴지만, 그 욕구를 현실적으로 채울 수는 없기에 하늘을 나는 꿈을 꾼다는 것이다.

스필버그의 영화 〈이티ET〉에도 소년들이 하늘을 나는 장면이 나온다. 쫓기던 이티와 소년들이 경찰에게 잡힐 그 찰나 아이들의 자전거가 하늘로 솟아 날기 시작한다. 어쩌면 이 장면도 억압된 성 충동의 발산으로 풀이할 수 있을지 모른다. 그러나 하늘을 나는 소년의 이야기는 정신분석학이나 영화에만 있는 것이 아니다.

한국의 신화에서도 한 소년이 하늘을 날고 있다. 그 주인공은 고구려의 왕자 유리다. 부여 땅, 어머니 밑에서 자라던 소년 유리는 아버지 동명왕을 찾아 고구려로 가려 한다. 유리는 우선 아버지가 감추어두고 간 무엇인가를 찾아내야 했다. 부여를 떠나기 전 동명왕은 아내에게 장차 태어날 그의 아들은 '일곱 영마루와 일곱 골짝의 바위 위에 솟은 소나무 아래 감추어진 물건'을 찾아내야 한다고 일렀다. 아버지를 찾고 싶은 유리는 하고많은 산을 찾아 헤맸다. 그러나 일곱 영마루에 일곱 골짝을 갖춘 곳의 바위에 솟은 소나무를 찾을 수는 없었다. 지쳐서 집으로 돌아와 우두커니 앉아 있던 유리는 문득 집 안의 기둥에서 나는 슬픈 소리를 듣는다. 자세히 보니, 소나무로 만들어진 기둥이 바위로 된 주춧돌 위에 괴어져 있었다. 공교롭게도 주춧돌에는 일곱 모가 나 있었다. 유리는 옳거니 한다. 그 기둥이야말로 일곱 영마루와 일곱 골짝의 바위 위에 솟은 소나무임을 알아차린다. '옳다구나.' 하고서 그 기둥과 주춧돌 사이를 살펴보았다. 거기 반 토막 난 검이 감추어져 있었다. 유리는 그것을 가지고 아버지를 찾아간다.

동명왕은 자신이 간직하고 있던 반 토막의 검과 유리가 찾아서 가지고 온 또 다른 반 토막의 검을 맞추어보고 유리가 자신의 아들임을 확인한다. 한데 갈수록 태산이다. 동명왕은 또 다른 어려운 조건을 내건다.

네가 내 아들이라면 신성神聖함을 보이라.

무엇으로 신성함을 보일 것인가? 그런데 그때 유리의 몸이 순간적으로 움직였다. 유리가 땅을 박차고 솟구쳐 오른 것이다. 그의 몸이 창공을 날아올라 태양과 맞닿는다. 그리고 바로 날듯이 지상으로 내려온다. 그것은 여간 장쾌한 정경이 아니었다. 독수리처럼 날아올라서는 다시금 내리 앉는 그 모습을 동명왕은 그러려니 하고 받아들인다.

좋아, 넌 진실로 내 아들이야.

동명왕은 마침내 유리를 태자로 삼았다. 이처럼 유리는 태자가 되기까지, 세 고비를 넘겨야 했다. 수수께끼 풀이와 숨겨진 물건 찾기 그리고 하늘을 날아서 태양까지 다녀옴으로써 그 자신의 '신성함' 보이기라는 세 고비를 겪어내고 이겨내야 했다.

유리는 어렵고 고된 난관과 장애를 모두 이기고 넘어섰기에 태자가 될 수 있었던 것이다. 유리의 마지막 관문은 하늘을 나는 것이었다. 하늘을 난다는 것은 신바람의 표시다. 신바람이 나지 않고서는 하늘을 날 수 없다. 어쩌면 신바람 날 수 있는 사람이 태자의 자격을 갖추었던 것인지도 모른다. 태자가 된다는 신바람이 유리를 태양과 맞닿도록 하늘을 날게 만들었을 것이다.

거북아! 거북아!

삼한과 그 이전의 여러 지역에서 이미 그랬듯이, 가야에서도 국가적 규모로 하늘 신을 모시는 굿인 천신제가 베풀어졌다. 그래서 가야 사람들도 신 기운을 타서 신바람을 피운 것이다. 신이 나기도 한 것이다.

가야 사람들이라고 해서 신바람을 모르고 멍청하게 세월을 보낸 것은 아니다. 가야의 천신제는 나라에서 주관한 별신굿이라고 생각되기도 한다. 이 경우 별신굿은 마을이나 고을을 지켜주는 '골막이(골맥이) 신', 이를테면 고을을 위험이나 재난에서 막아 보호해주는 수호신에게 바치는 굿이라고 할 수 있다. 한국인이 신 기운을 타서 신바람 피운, 터전 노릇을 다한 별신굿의 가장 오래

된 본보기를 이미 가야 시대에서 보게 된다. 한국인의 신 내림 또는 신 지핌을 받은 신바람은 그토록 오래된 것이다.

무대는 오늘날 경남 김해시의 동북쪽에 솟아 있는 구지봉이었고 시절은 3월 3일이었다. 새봄맞이로 다들 깨끗한 물에 몸을 씻고 맑히는 날이었다. 아홉 사람의 간干, 곧 우두머리들이 이끄는 수많은 사람이 모여들었는데, 문득 하늘에서 낭랑하게 소리가 들려왔다. "여기가 어디냐?" 사람들이 답하여 "구지봉이로소이다"라고 하자, 하늘에서 말소리가 내렸다.

내가 하늘의 명을 받들어서 너희를 다스려 나라를 세우기 위해 이제 그리로 내려간다. 하니 너희는 모름지기 산봉우리를 파서 그 흙을 짚으면서 노래하고 춤추면서 나를 맞아라. 노래는

'거북아, 거북아, 모가지 내어놓아라.
아니 내면 구워서 먹으리라.'

이같이 부르라. 그리고는 노래에 맞추어서 춤추어라.
이것이 곧 하늘의 대왕을 마중하여 너희가 기뻐 날뛰는 것이니라.

이와 같은 하늘의 시킴에 따라 가야의 백성들은 노래하고 춤추었다. 이 대목은 무척이나 중요하다. 한국인의 전통적인, 오랜 종

교적 심성을 말하게 될 때 그야말로 획기적인 사건이다. 그런 뜻에서는 기념비적인 사건이 아닐 수 없다.

한국인이 몸 안에 신 기운을 받게 되는, 그래서 신 기운이 곧 사람 기운이 되는 신 내림이나 신 지핌, 신들림은 한국인의 전통 종교 체험의 원형이 되는데, 그 역사적인 으뜸이 이 사건에 간직되어 있다. '호모 렐리기우스 Homo Religius', 즉 종교인으로서의 한국인을 말할 때, 구지봉의 일은 무엇보다 먼저 손꼽혀야 할 대사건이다. 거듭 말하거니와, 한국인이 몸 안에 신 또는 신령을 싣고 피우게 되는 신바람은 그만큼 중요한 것이다.

하늘의 신, 그것도 가야의 왕이 될 하늘의 신이 일러준 노랫말, 곧 '거북아, 거북아, 모가지 내어놓아라 / 아니 내면 구워서 먹으리라'는 그 속내를 풀이하기 어렵다. 그것이 하필 신 마중의 노래라니, 정작 수수께끼가 아닐 수 없다. 신의 나타남과 거북 목의 나타남 사이에 무슨 연관이 있을 법도 하지만, 그게 '구워서 먹으리라'는 공갈 협박으로 맺어지는 것은 말이 안 된다. 다만 하늘의 신 스스로에 의해서 기뻐 날뜀이라고 표현된 것처럼 신 마중이 강한 흥분 상태라면, 그것과 공갈 협박하는 흥분이 일맥상통하기도 하리라고 상상을 해보는 게 고작이다.

그것은 그렇다 치고 가야의 백성들이 하늘의 신 내림을 받아 춤추고 노래하면서 신바람을 피웠다는 대목은 가야의 백성들이 신에 들려, 신에 지펴 춤추고 노래 부른 것이라고 표현해도 좋을 것이다. 그들은 신들림의 춤을 춘 것이다. 무당이 이른바 '내림굿', 곧 신 내림을 받는 굿에서 노래하고 춤추는 것과 다를 것 없다. 이래서 신과 인간은 하나로 어울리게 되는 것이다.

가야의 신화에서 하늘의 신은 스스로 내리겠다 말하고 있다. 그래서 가야의 백성들은 신 내림을 받았다. 하늘 드높은 곳에서 신령의 기운이 무당의 몸에 내리 앉듯이 가야 백성들의 몸에 신이 내렸다. 그래서 노래 부르고 춤추었다. 그들은 신 내림 받고 신에 지피기도 해서 절로 왕창왕창 신바람을 피워댔다. 절로 신 기운을 타서 신바람이 났을 것이다. 덩달아서 신이 나기도 했을 것이다. 그래서 가야의 '신 내림굿'의 춤판은 이 땅에서 한국인들이 전통적으로 피워온 신바람의 현장이 된 것이다. 그것도 구체적으로 묘사된 것으로는 이 땅 최초의 신바람이 된 것이다. 그 뒤로 한국인들이 신 내림을 받아서 신바람을 피울 적마다 그들은 선사시대에 구지봉에서 춤춘 가야 백성들의 신바람을 반복한 것이다.

하늘과 사람을 중매하다

가야에서는 백성들이 신에 지펴서 노래하고 춤추며 신바람을 날렸다. 일반 백성들이 그랬는데 신바람 타기의 일인자인 무당은 더 무엇을 말하겠는가? 오늘날 무당이라면 얼굴을 찡그리는 사람도 더러 있을 것이다. 하지만 지난 시절, 무당은 당당했다. 그들은 사람을 곤경에서 구하고 살게 했다. 사람들의 병을 고쳐주는가 하면, 재난이나 액에서 벗어나게도 해주었다. 그런가 하면 마을굿이 치러질 때는 그것을 주관하기도 했다.

하늘과 땅의 신을 믿은 옛사람들에게 무당은 사람과 천지의 신령을 이어주는 중요한 존재였다. 심지어 신을 대신하기도 한 게 무당이다. 무당은 신령의 뜻을 사람에게 전하고 사람의 마음을 신

굿판을 벌이고 있는 무당

에게 전하는 중매꾼 노릇을 도맡아 했다. 앞에서 말한 삼한 시대며 가락에서는 국가적 규모의 종교행사를 주관하는 성직자이기도 했다. 무당은 무엇보다도 신에 지핀 사람이고 신 내림을 몸소 받은 사람이다. 마음먹은 대로 신을 몸에 실을 수 있는 사람이기도 하다. 그런 뜻에서 무당은 반신반인, 이를테면 반은 신이고 반은 사람이다.

이래서 무당은 고조선 같으면 단군의 아버지인 환웅을, 부여라면 해모수 왕을 떠올린다. 이들은 하늘과 땅 사이를 마음대로 오갈 수 있는 신이자, 왕이기도 했기 때문이다.

무당은 내림굿을 치르고 나서야 비로소 온전한 무당이 된다. 몸소 신의 내림을 받고 제 몫을 제대로 맡아내는 의젓한 무당이 되는 것이다. 그리고 그 뒤로 굿을 주관해서 올릴 적마다 신 내림을 되풀이하기도 한다. 이때 무당의 춤사위가 퍽 흥미롭다. 그 몸놀림이 관심을 끌기에 충분하다.

처음 고비에서의 몸놀림은 대체로 직선을 긋는다. 앞뒤로 또는 좌우로 몸을 움직인다. 그러는 중에 동작에 힘이 실리고 템포가 빨라지면서 동그라미를 긋게 된다. 온몸이 뱅글뱅글 돌면서 원을 그리게 된다. 그 원이 차츰 좁아지다가 마침내 원의 중심에서 돌던 맴돌이는 소용돌이가 된다. 보는 사람이 어지럼을 탈 정도의 열렬한 원무圓舞가 또는 윤무輪舞가 계속된다. 춤은 거칠다 싶을 정도로 돌아친다. 그러다가 원의 중심에서 송곳 춤이라고 부르기 안성맞춤인 춤을 춘다. 위아래로 뛰고 솟구치고 하면 드디어 무당의 몸에 신이 실리게 된다.

신 내림을 몸소 받은 무당은 신바람을 피운다. 심지어 날카로운 작도斫刀 위에 올라타서 춤을 추는데, 그때 그의 신바람은 최정상에 다다르게 된다. 신 내림을 몸소 받지 않고는 어림도 없는 일이다. 그 신바람으로 무당은 병을 고치고 신수가 펴지게 하고 액이며 재난을 물리치게 된다. 그는 만능인이 되어 한껏 신 내림에 의지해서는 신바람을 피운다. 그에게서 신바람이란 그냥 신만 나는 게 아니다. 신 지핌으로 신 기운을 타서 한껏 신바람을 피워댄 것이다. 그가 피우는 신바람의 '신'은 흥분이며 도취를 의미하는 '신'이면서도 신 기운이며 신령의 '신神'이기도 했던 것이다.

신명으로 설레는 마을

서낭굿, 당산굿, 도당굿, 별신굿. 그렇게 여러 가지 이름이 붙은 마을의 종교행사가 있었다. 이름은 달라도 마을 지킴이의 신령 또는 수호신에게 바치는 굿판이라는 점은 다를 바 없다. 마을굿은 농어촌의 행사 중 가장 규모가 큰 것이었다. 경건하고 엄숙하기도 하지만 한편으로 요란 벅적하기도 한 행사였다. 마을의 신을 모신 서낭나무를 비롯해서 도당都堂 또는 당산堂山이란 이름의 신당神堂에서 제사를 올리니, 절로 거룩하고 엄숙했다. 그런 한편으로 바닷가 마을에서는 바다의 신인 용왕을 모시는 용왕굿을 올리기도 했다.

 제사 또는 고사가 끝나고 난 뒤, 내림을 받은 신을 모시고 무리 지은 사람들이 온 마을 안팎을 누비고 다니면서 신바람을 떨어댔다. 걸립패라는 이름의 농악대가 풍물을 치고 사람들은 패거리를 지어서 덩달아 덩실덩실 춤을 추어댔다. 온 마을의 집집마다 돌아치면서 풍년과 안녕을 축수했다. 물론 액 물림과 부정 쫓기도 축수했다. 그것에 온 마을 사람들이 동참했다. 여간 요란하고 벅적한 게 아니었다. 난리가 났다고 할 정도로 소란스럽기도 했다.

마을굿은 두 가지 면을 가지고 있다. 한편으로는 다소곳하고 엄숙했다. 절차도 갖추고 몸놀림이며 마음가짐도 정중하다. 당산신, 도당신이며 서낭신에게 또는 용왕에게 점잖게 예를 올리고 절을 바쳤다. 삼가고 또 조심했다. 하지만 다른 한편으로 소란하고 야단스러웠다. 사람들은 들뜨고 법석을 떨기도 했다. 흔히들 '굿 났다'고 하는 말이 '큰일 났다'는 의미가 되는 것은 바로 이 때문이다.

경건하고 엄숙한 한편으로 요란 벅적한 것, 그것이 마을굿의 서로 다른 두 얼굴이다. 음과 양이라고 해도 좋을 만큼 대조적인 정반대의 모습이 함께 녹아 있다. 신에게 고사를 올리면서 그 내림을 받는다는 것은 경건한 일이다. 엄숙할 수밖에 없다. 하지만 일단 사람들이 신 내림을 받으면, 신바람이 절로 피워지게 되어 있었다. 왕창왕창 흥청대기 마련이었다. 이건 참 절묘하고도 뜻깊다. 엄숙하면 떠벌이지 말 것이고 떠벌이면 엄숙하지 말아야 할 것이 원칙이다. 한데도 마을굿에서는 서로 모순된 그 두 가지가 조화롭게 어울렸다. 이 모순의 어울림이 바로 마을굿이 가진 오묘함이다. 이는 또한 맺힘과 풀림이 동시에 이루어지는 삶의 장일 것이다.

이러한 조화가 있었기에 최근까지도 부여의 영고, 예의 무천 그리고 마한의 소도를 이어 마을마다 마을굿이 지켜진 것이다. 마을굿은 고대 제천행사의 또 다른 모습이었던 것이다. 마한 사람들이 그들의 소도에서 훗날의 솟대에 견줄 나무 기둥을 세우고 방울을 흔들고 북을 치면서 굿의 신바람을 피운 것과 최근 마을굿에서 사람들이 신간神竿, 곧 신이 깃든 대를 받들고 신바람을 피운 것은 서로 너무나 닮아 있다. 그 실제의 모습이 다음과 같이 구체적으로 기록되어서 전해져온다.

> 언제나 5월에 씨 뿌림이 끝나면 귀신에 제사 드리면서 무리 지어 노래하고 춤추고 술 마시기를 밤낮으로 쉬지 않았다. 수십 명이 몸을 일으켜 서로 따르되, 높게 낮게 땅을 밟아대면서 손과 발이 서로 어우러졌다. 10월에 농사일 마치고는 이를 되풀이했다.

이처럼 우리 역사의 까마득한 그 머나먼 원점에서 피워진 신바람은 요 근래 우리들 고향 마을에서 옛 모습 그대로 되풀이되었다. 천년이 더 넘도록 같은 신바람이 피워진 것이다. 마한과 관련한 위의 기록에서 다음의 문장을 다시 보자.

> 무리 지어 노래하고 춤추고 술 마시기를 밤낮으로 쉬지 않았다. 수십 명이 몸을 일으켜 서로 따르되, 높게 낮게 땅을 밟아대면서 서로 어우러졌다.

이 대목이 관심을 끄는 이유는 현재와 연결되기 때문이다. 〈치이나 칭칭 나네〉나 〈쾌지나 칭칭 나네〉는 마한의 그 정경을 그대로 물려받고 있다.

> 대밭에는 마디도 많고
> 치이나 칭칭 나네
> 솔나무는 꽹이도 많고
> 치이나 칭칭 나네
> 또랑에는 자갈도 많고
> 치이나 칭칭 나네
> 하늘에는 잔별도 많고
> 치이나 칭칭 나네

경남 진주 지방의 사람들이 이처럼 흥에 겨워 춤을 출 때, 부산 지역 사람들은 이렇게 노래하며 춤췄다.

> 가자 가자 어서 가자
> 쾌지나 칭칭 나네
> 이수 건너 백로 가자
> 쾌지나 칭칭 나네

청청 하늘엔 잔별도 많고
쾌지나 칭칭 나네
시내 강변에 자갈도 많다
쾌지나 칭칭 나네

    사람들은 '풍어 소리', '가래 소리'를 외치면서 덩실덩실 춤추고 신바람을 피워댔다. 사실 이들 노랫말에서 뛰어난 문학성을 발견할 수 있는 것은 아니다. 그렇지만 신나는 가락과 흥겨운 장단에 맞추어 마치 마한 사람들이 그랬던 것처럼 사람들은 '수십 명이 몸을 일으켜 서로 따르되, 높게 낮게 땅을 밟아대면서 서로 어우러진 춤바람'을 피운 것이다.
    온 마을을 설레게 한 신바람은 마한에서 불어닥친 것이다. 천 년 또 이천 년 넘어서 같은 신바람이, 신 기운을 탄 신바람이 전해져 온 것이다.

해방과 자유의 공간, 장터

'전라도와 경상도를 가로지르는 섬진강 줄기 따라 화개장터엔 아랫마을 하동 사람 윗마을 구례 사람 닷새마다 어우러져 장을 펼치네…'

조영남의 노래 〈화개장터〉는 이렇게 시작된다. 조촐한 가사와 구수한 가락이 듣는 사람의 마음을 사로잡는다. 노래를 더욱 친근하고 푸근하게 만드는 건 시골 장에 대한 우리들의 향수다.

장터는 읍이나 면의 가장 큰 거리에 선다. 나름으로 각 고장의 가장 번화한 거리에 장이 서는 것이다. 요즘 식으로 말하자면, 읍 면의 '다운타운'이다. 닷새마다 서는 장은 장꾼들로 벅신대기 일쑤다. 물건 파는 장사꾼과 물건 사는 사람이 어울려서 장판이 꾸려진다. 이들은 양쪽 다 장꾼이라고 불린다. 그러니 장에 모여드는 사람이면 누구나 장꾼이 되는 셈이다.

얕잡아 '장돌뱅이'라고 불리기도 하는 장돌림은 주로 각 지역의 장을 두루 돌아다니는 장사꾼을 지칭한다. 행상꾼인 셈이다. 하지만 이들만이 장사하는 것은 아니다.

때로는 주민들이 상인이 되기도 한다. 주민들 스스로도 각자가 지은 농산물이며 애써 만든 물건을 내다 파는 장사꾼으로 장꾼이 된다. 그러면서 동시에 남의 물건을 돈 내고 사들이기도 한다. 사고팔기를 겸하게 된다. 물론 서로 물물교환도 한다. 장에 모여드는 사람은 일단은 누구나 장꾼인 셈이다.

한데 물건 사고팔기와 직접 관계가 없는 동냥아치들도 장터에서는 빠뜨릴 수가 없다. 그들은 동냥질을 한답시고 온 장터를 누비고 설쳐대며 장의 기운을 돋운다. 장사꾼의 손님 부르는 외침, 흥정 붙이는 거간꾼의 고함, 동냥아치들의 부르짖음 말고도 온갖 장꾼들의 떠들어대는 소란으로 장은 언제나 정해놓고 설레기 마련이고 소란스럽기가 끝이 없다. 목로주점에서 막걸리에 취하고 국밥집에서 국밥으로 배불린 사람들은 소란을 거들고 나선다.

한데 이 소란이 바로 장터의 신바람이고 신명이다. 장꾼들은 누구나 흥청댄다. 온 장이 왁자그르르, 들뜨고 또 달뜬다. 장꾼은 누구나 신이 난다. 이래서 시골 장은 시골서 자란 사람들에게 영원한 향수의 장소가 된다. 장이 설 때마다 장꾼으로 또 구경꾼으로 즐거움을 피워댄 그 추억을 잊지 못한다.

보통의 오일장도 그럴진대 하물며 난장이면 말해 무엇 할 것인가? 장의 규모도 엄청 커지고 더 많은 장꾼들이 모여드는 장이 난장이다. 그런데 장을 가리키는 말에는 난장이란 낱말 말고 그와 발음이 꼭 같은 낱말이 하나 더 있다. '웬 난장판이냐?'고 할 때 쓰는 '난장亂場'이다. 이 말은 뭔가가 엉망진창임을 또는 뒤죽박죽임을 나무랄 때 쓰인다. 문자 그대로는 어지러운, 문란하고도 난잡한 현장이란 뜻이 될 것이다. 이것은 어지럼 판의 난장이다.

이와 달리 전통 사회의 시장이라고 해도 좋을 장의 일종인 난장이 있다. 난장에는 난전이 서기 마련이다. 전에는 두 가지가 있는데, 일정한 장소의 건물 안에 고정되어서 차려진 전이 있는 반면, 임시변통으로 거리에 차려지는 난전이 있다. 전자의 전이 모여 있는 곳을 그냥 장이라 하고 후자의 난전이 모인 곳은 난장이라고 해서 구별한다. 다 같이 장사꾼이 물건을 펼쳐놓고 장사를 하는 터전이지만 전 다르고 난전 달랐던 것이다. 또한 장 다르고 난장 달랐던 것이다.

그러기에 난장은 앞에서 말한 오일장과 또 다른 장이다. 오일장은 이를테면 정규장이다. 이에 비해서 난장은 특별한 장이다. 대개 명절에 즈음해서나 임시로 서게 되는 장을 말한다. 시장이라고 부를 수도 있는 난장은 원칙적으로는 앞에서 말한 어지럼 판의 난장亂場과 구별할 수 있을 것이다. 하지만 시장의 난장이 어지럼 판의 난장亂場이 되기도 했다. 이 난장, 저 난장이 겹쳐지기도 했기 때문이다.

지난 시절에는 전국 여러 곳에 난장이 섰지만, 오늘날 남겨진 것은 강원도 강릉의 난장뿐이다. 5월 단오에 즈음해 강릉에서는 '강릉 단오굿'이 크게 벌어진다. 강릉시 전체가 이 특이한 굿으로 온통 왁자해지곤 한다. 강릉 단오굿은 강릉의 골막이, 즉 수호신 격인 대관령 서낭에 바치는 커다란 종교행사이자 대규모의 축제다. 대관령에서 서낭을 모셔와서 신 맞이 굿을 올리는 한편으로 강릉천 물가의 길고 긴 둑 위아래로 거대한 규모로 난전이 벌어진다.

특정한 고을의 장터나 거리며 광장에 임시로 차려진 난전은 '별전'이라고도 불린다. 임시 노점이라고 해도 좋을 것 같다. 강릉 단오굿에서는 그 같은 난전 이외에도 각종 투기를 하는 노름판이 벌어지기도 하고 또 곡마단과 같은 서커스가 공연되기도 한다. 잔뜩 모여든 사람들은 그래서 벅적대고 흥청대고 하면서 즐거움을 누린다.

해방감을 만끽하면서 신명을 떨치는 곳, 그게 바로 난장이다. 물건 흥정하는 소리, 노름판의 소란, 막걸리를 바가지로 들이켜고 질러대는 아우성, 장국밥에 배 채우고 기분 내는 노닥거림 등이 어울려서 난장은 난장판이 되고 만다. 그것은 시골 사람들에게, 평소에 그저 눌려서 웅숭그리고만 살던 서민들에게 위대한 해방 공간이자 자유의 공간이 된다. 다들 기가 살 대로 살아서 흠씬 기승하게 된다. 무슨 짓이든 마음 내키는 대로 요란을 떨 수도 있다.

 남의 눈치 볼 것 없고 체면 차릴 것도 없다. 그저 제멋에 겨워서, 제 흥에 취해서 신명을 떨면 그게 다다. 감정이 폭발하고 무의식이 들떠 피어난다. 개인은 문득 집단이 되고 무리가 되어서 소란을 피우게도 된다. 그것은 전통 한국 사회의 집단적인 엑스터시, 이를테면 흥분이고 도취다. 무리 지은 신바람이고 신명이다.

신명꾼 도깨비

도깨비는 그 정체를 잡을 수가 없다. 이것인가 하면 저것이고, 저것인가 싶으면 이것이 된다. 오락가락을 넘어서 변화무쌍하다. 변화하여 모습 바꾸기를 식은 죽 먹듯 하는 도깨비는 여전히 오리무중이다. 하지만 도깨비의 모습을 짐작케 하는 물건이 있다.

귀면와鬼面瓦라고 하는 기와에 새겨진 도깨비의 얼굴은 대체로 무시무시하다. 그 모습이 괴물과 같은데 공포스럽기까지 하다. 뿔이 난 녀석, 온 머리에 가시가 얽혀 있는 녀석, 수염을 기른 녀석 등 기와마다 모양새가 서로 다르지만 무섭기는 한가지다.

사람들은 지붕 밑의 사래 끝에 붙어 있는 도깨비기와가 그 무서운 얼굴로 집안에 들이닥칠 액을 막고 부정을 몰아낸다고 믿었다.

그래서 몹시 화가 난 사람 보고 '뿔난 도깨비 같다'고들 하는 것이다. 누구든 화가 치밀면 그 얼굴이 무서워지기 때문이다.

도깨비는 예사로 사람을 해코지하려고 덤빈다. 한밤중에 혼자 길 가고 있는 나그네에게 겁을 주어 쓰러지게 한다. 아무 이유나 동기도 없이 포악하게 사람을 해치는 도깨비도 있다. 옛이야기는 그럴 때 도깨비의 이마에 뿔이 나고 눈알은 불을 뿜는다고 전한다. 이래저래 도깨비는 공포의 대상이다. 그런가 하면 그는 예사 장난꾸러기가 아니어서 사람에게 곧잘 장난질을 걸어오기도 한다. 한편 또 도깨비들은 씨름을 좋아해서 길 가는 사내에게 도전장을 내밀기도 했다.

씨름 한판 붙자!

그러면서 도깨비가 팔을 걷고 나선다. 나그네와 도깨비의 씨름 한판이 벌어진다. 처음 한동안은 옥신각신한다. 악을 쓰고 용을 써서 사람이 이기기도 하는데, 그 결과가 괴이쩍다. 나그네는 씨름에 져서 넘어진 도깨비를 밧줄로 나무에 묶어놓고 집으로 돌아간다. 한데 다음날 현장에 와보면, 도깨비는 온데간데없다. 나무에 묶여 있는 건 다름 아닌 닳아빠진 빗자루나 절굿공이일 뿐이다. 옛날이야기에서도 도깨비는 종잡을 수 없는 존재였던 것이다.

그뿐만이 아니다. 도깨비는 여간한 요물이 아니다. 아리따운 처

귀면와

녀로 둔갑해서 요사를 부리기도 했다. 밤길을 걸어 지쳐 있는 사내를 꾀어 혼을 빼놓기도 한다. 그런데 그게 공연히 저 혼자 재미 보자고 하는 짓이다. 이렇게 정체가 잡히지 않는 게 도깨비다. 그래서 그런지 도깨비의 키는 하늘로 치솟을 만큼 크다고도 하고, 땅바닥에 박힐 만큼 작다고도 한다. 영 갈팡질팡 종잡을 수가 없다. 또한 그래서 도깨비는 괴물이다. 아리아리하고 또 아리송하다.

그런데 도깨비는 여간 신명꾼이 아니다. 대단한 신바람쟁이다. 목숨을 지닌 것들 가운데 신명을 떨면서 노닥거리기로는 도깨비를 따를 것이 없다. 도깨비감투를 쓰면 남들 눈에 띄지 않게 무슨 짓이든 마음먹은 대로 해낼 수가 있다고 했다. 도깨비 등거리를 걸치면 마음껏 하늘을 날 수 있다고 말한다. 도깨비 방망이를 두들기면, 소원대로 뭐든 쏟아져 나온다고 했다. 감투로, 등거리로, 또 방망이로 하지 못할 것이 없으니 도깨비의 신바람은 여간한 게 아닐 것이다.

  아주 달 밝은 밤, 개암을 따서 집으로 가기 위해서 걸음을 서두르고 있던 사내가 길 건너, 저만큼의 숲 속에서 소란한 기척이 울려오는 것을 들었다. 가까이 가보니 숲 속의 넓은 터에서 도깨비들이 놀고 있는 게 보였다. 도깨비들은 둥글게 모여 앉아 술잔치를 벌이고 있었다.

    술 나와라, 뚝딱!
    떡 나와라, 뚝딱!

  두들기는 방망이를 따라서 술이고 안주가 마구 쏟아져 나왔다. 한참을 그러더니 다들 일어섰다. 춤을 추기 시작했다. 어깨동무하고는 둥글게 둥글게 돌아쳤다.

    하늘에는 달도 밝다
    쾌지나 칭칭 나네

    우리네 가슴에는 신명도 많다
    쾌지나 칭칭 나네

  흥청대는 노래 장단, 너울대는 춤사위로 술 취한 도깨비들은 신명을 떨치고 있었다. 그들을 비추는 달빛과 그들을 에워 선 바람도 함께 춤추었다. 달도 신명에 어려 있었다.

한데 사내가 흥분해서 주먹을 불끈 쥐는 통에 쥐고 있던 개암이 '오도독!' 하고 부서졌다. 그 소리에 놀란 도깨비들이 숲 속으로 도망쳤다. 사내는 달려나가서 도깨비들이 두고 간 방망이를 두들겨댔다.

은 나와라, 뚝딱!

금 나와라, 뚝딱!

두들기면 두들기는 대로 은과 금이 노다지로 쏟아져 나왔다. 사내는 자기도 모르게 일어서서 덩실덩실 춤을 추어댔다. 그것은 도깨비 춤판의 신명에 겹친 도깨비방망이를 차지한 사내의 신명이었다.

일에도 신바람이

일이란 대개 지겨운 것이다. 그것도 하고 싶어 하는 것이 아니라 해야 하기 때문에 하는 일이라면 손사래가 쳐질 것이다. 몸과 손발을 움직여서 하는 일은 무엇이든 수고롭다. 고되게 땀 흘리는 일은 그래서 쉽지 않다.

괴테의 대표작 가운데 하나인 《파우스트Faust》의 주인공 파우스트는 구원을 찾아 떠난다. 인간이 할 수 있는 온갖 일을 겪지만 구원은 요원하기만 했다. 그러던 파우스트는 노동하는 사람들을 만나게 된다. 그들의 이마에 맺힌 땀방울을 보고 파우스트는 소리 지른다. "너, 아름다운 것이여! 영원히 멈춰 있으라!" 그것으로 파우스트의 영혼은 천사들의 인도를 받아 천국으로 올라가는 구원을 받게 된다.

　괴테는 이 작품에 자신의 첫사랑이었던 소녀의 이름과 꼭 같은 그레트헨을 등장시킨다. 파우스트는 그의 연인 그레트헨을 짓밟고 죽음에 이르게 한다. 그런데 하필이면 그 그레트헨이 여러 천사들의 맨 앞에 서서 파우스트를 하늘나라로 인도한다.

　파우스트가 노동과 땀을 우러러 받든 것이 그 같은 기적을 낳은 셈이다. 그런 의미에서 《파우스트》는 노동과 땀에 바친 송가라고 해도 지나치지 않을 것이다. 하지만 파우스트를 본받아 노동에 찬미를 바칠 사람은 결코 많지 않을 것이다. 구원은 못 받아도 우선 노동은 피하고 싶을 것이다.

　한데도 사람들은 더러 육체노동에 솔솔 재미를 붙이고 즐기기도 한다. 자신이 마음먹고 보람을 느끼는 일이면, 땀 흘리는 고됨이 오히려 기꺼울 것이다. 그것은 예사로운 일은 아닐 테지만 아주 없지는 않을 것이다.

　가령 농부들의 가을걷이라면 어떨까? 한 시대 전만 해도 추수는 농부들이 손수 해야 하는 일이었다. 황금빛 논에 늦가을 햇살이 눈부시게 내리쬔다. 농부는 허리를 굽히고 부지런히 악착같이 계속 낫질을 해나간다. 무심코 일에 푹 빠져 있다. 그러다가 마침내 벼 베기가 끝난다. 마른 논바닥에 수북수북 쌓인 벼 다발을 멀거니 바라본다. 그는 이마에 어린 땀을 손등으로 닦는다. 안성맞춤으로 산들바람이 불고, 그는 기쁨의 숨결을 내뱉는다. 문득 그렇게 내뱉는 한

숨으로 농부는 더없는 만족감과 기쁨을 느낄 것이다. 신명이 절로 솟으면서 〈아리랑〉의 장단 두어 토막쯤은 노래할 것이다. 하긴 이 농군만이 아닐 것이다. 누구든 자신이 스스로 택해서 몸 바친 일이면 한껏 보람을 맛볼 것이다. 일이 절로 흥이 되기도 할 것이다.

우리는 김홍도의 풍속화에서 바로 그런 정경을 만나게 된다. 김홍도는 일에 골몰하는 모습을 담은 그림을 많이 남겼다. 이 방면의 작품으로는 〈쟁기질〉, 〈대장간〉, 〈타작〉, 〈길쌈〉 등을 꼽을 수 있다. 풍속화가인 그에게 노동이나 작업 따위의 일은 서민 생활의 상징적인 현장이었던 셈이다. 그 멋진 작품들 중 대표작으로 〈기와 이기〉를 꼽고 싶다. 일이 다름 아닌 흥과 멋의 터전으로 그려져 있기 때문이다. 김홍도를 웃음과 익살 그리고 해학을 그림으로 그려내는 김삿갓이자 정수동이라고 해도 괜찮을 것 같다. 사실 〈기와 이기〉는 매우 정밀한 작품이다.

> 예컨대 〈기와 이기〉에서 먹줄을 내리고 기둥의 기울기를 가늠하는 목수의 한쪽 눈을 감은 표정은 대상에 대한 치밀한 관찰이다.
>
> (이태호, 《풍속화(들)》, p. 180)

〈기와 이기〉는 집짓기의 작업 현장을 생동감 넘치게 그려내고 있다. 그림 속에는 집짓기가 한창이다. 주춧돌에 받쳐 있는 기둥은 겨우 둘이 세워져 있을 뿐이다. 지붕은 널빤지로 덮이고 그 위

김홍도의 〈기와 이기〉

에 두 사람이 앉아 일하고 있다. 지붕 아래로는 먹줄로 기둥을 가늠하는 사람, 널빤지를 대패로 미는 사람, 지붕 위로 진흙 뭉치를 올려 보내는 사람이 일에 골몰하고 있다. 곁에는 집주인으로 보이는 노인장이 지팡이를 짚고 지붕 위를 지켜보고 서 있다. 그런 화폭에서 유달리 보는 사람의 눈길을 사로잡는 인물이 있다. 겨우 널빤지가 깔린 지붕을 타고 앉아서 한창 기와 이기에 열중하고 있는 사람이다.

한데 그 자세가 여간 잽싼 게 아니다. 한여름인 듯, 사내는 바짓가랑이를 허벅지 위로 접어 올렸다. 거기에 가슴팍을 활짝 연 채로 쪼그리고 앉아 있는 꼴이 여간 시원한 게 아니다. 그리고 자기 머리 위로 내던진 기왓장 한 개를 받아들 시늉을 하고 있는데, 고개를 젖히고 한쪽 팔을 바싹하니 위로 뻗친 몸맵시가 사뭇 날렵하다. 서커스 곡예사의 몸짓 같아 보인다. 장난꾸러기의 익살이 느껴지기도 한다.

그에게는 조금도 일에 역정을 내는 기색이 없다. 그는 일한다기보다 신나게 놀고 있다. 일 반, 즐기기 반으로 신명을 떨치고 있다. 그에게 일은 멋 부림, 바로 그것이다. 일에 열중해서 오히려 멋쟁이가 되어 있다. 일에 신이 나고 일로 신명을 떨칠 수도 있다는 것을 풍속화가 김홍도는 〈기와 이기〉에 아로새겨놓았다.

삶의 곳곳에 부는 익살

김홍도의 풍속화에는 익살이 넘친다. 그의 그림은 마치 웃음이 번지는 희극을 연상케 한다. 〈씨름〉에서 수십 명의 구경꾼들은 서로 붙잡고 겨루고 있는 씨름꾼을 에워싸고 있다. 그런데 구경꾼들의 표정이 심상치 않다. 그들은 저마다 웃고 있다. 그중에도 화폭의 오른편 아래쪽에 퍼질러 앉은 두 사내는 남달리 요란하게 웃어 젖히고 있다. 그 왼편에 자리 잡은 사내는 무릎을 치면서 입을 크게 벌려 깔깔거리고 있다. 그야말로 파안대소破顔大笑하고 있다. 온 씨름판이 떠나가라고 요란을 떨고 있다. 그런가 하면 〈장터 길〉의 인물들은 하나같이 미소를 짓고 있다. 말 타고 장 보러 가는 여러 명의 장꾼들 가운데서도 우리들 눈에 바로 보이는 세 남정네가 싱

김홍도의 〈씨름〉

김홍도의 〈장터 길〉

굿거리는 모습이 보인다.

  셋 다 하나같이 고삐도 잡지 않은 채 말 위에 앉아 있는데, 누구는 걸터앉고 누구는 길을 등지고 뒤로 돌아앉아 있다. 또 다른 한 사람은 엉거주춤하니 앉아 있다. 세 사내는 각각의 모습으로 말에 올라타 있지만 하나같이 담뱃대를 물고 있다. 한데 세 사내는 하나같이 벙긋하니 웃고 있는 듯이 보인다. 담뱃대를 문 입이 빙긋대고 있는 느낌을 준다. 모처럼 장꾼으로 장 보러 가는 길은 신명이 떨쳐지는 길이다. 왁자지껄하게 사람들로 넘치는 장터의 정경을 미리 떠올리면 절로 웃음이 나는 것인지도 모른다.

  이런 것이 김홍도의 그림이다. 그런데 그의 그림은 이에 그치지 않는다. 김홍도의 익살은 또 다른 그림 〈빨래터〉에서 더한층 신명을 돋우게 된다. 이 그림은 조선 중기의 누드화라고 할 수 있다. 조선 말기에 그려진 본격 에로스 그림을 소개한 《풍속화(둘)》의 저자 이태호는 '성희 묘사를 직설적으로 담은 춘화첩의 유행'이 있었다고 소개한다. 이 경우 '춘화春畫'란 남녀의 성행위가 노골적으로 묘사된 그림을 가리킨다. 이 같은 노골적인 춘화를 제외하면 조선의 미술 작품에서 〈빨래터〉만 한 누드 그림을 찾아보기는 힘들 것이다. 물론 여인네가 아주 홀라당 벗은 알몸을 보이지는 않는다. 한데도 여인네가 아랫도리를 온통 벗어젖히고 엉덩이 밑까지 아슬아슬하게 내보이고 있다. 그만하면 조선의 그림치고 누드 그림이라 해도 크게 부풀리는 것은 아닐 것 같다.

김홍도의 〈빨래터〉

  그렇게 아랫도리를 온통 아니면 반 이상 벗어젖히고 세 여인은 한창 빨래를 하고 있고, 다른 한 아낙은 감은 머리를 빗질하고 있다. 한데 이들 여자들의 반나체를 훔쳐보고 있는 사내가 있다. 머리에 갓 쓴 사내가 여자들 뒤로 우뚝 솟은 바위 덩치에 몸을 감추고 부채로 얼굴을 가린 채 두 눈을 부라리며 훔쳐보고 있다. 그렇다고 요즘의 하의 실종 패션이나 핫팬츠에 비할 바는 아니다. 하지만 당시 그 정도의 노출이라면 슈퍼 핫팬츠라고 할 만했을 것이다.

  그런데 이것도 하나의 해학이다. 훔쳐보는 사내는 영락없이 양반이다. 체통을 목숨처럼 여겼다는 양반이 부채로 얼굴을 가리고 빨래하는 여인네를 훔쳐보고 있는 것이다. 갓 쓴 양반 주제에 그

지경이니 〈빨래터〉는 여간 익살을 떨고 있는 게 아니다. 그래서도 김홍도의 〈빨래터〉는 코미디의 웃음판을 왕창 벌이고 있다.

재치로 그리고 웃음으로 받는다

김홍도는 남녀 관계를 두고 또 한바탕의 코미디를 연출한다. 그는 남녀 관계를 다룬 작품에서도 자신만의 해학과 익살을 잃지 않는다. 이 걸출한 풍속화가가 오늘날 등장한다면 한국 코미디계의 거장이 될 게 틀림없다. 그것도 개그나 난센스 코미디가 아닌, 본격 고급 하이코미디의 정상으로 우뚝 설 게 틀림없을 것이다. 작품이 남녀 관계를 다룬 것이라면 더한층 아우성이 일 것이다. 이를 말해주는 작품의 또 다른 보기로 〈우물가〉를 꼽을 수 있다.

이 그림은 어느 한순간의 정경을 카메라 셔터를 눌러서 찍어낸 듯 즉흥성이 강하다. 돌발적이고 우발적인 한 찰나의 광경이 베껴져 있다. '인스턴트 신'이라고 해도 좋을 것 같다. 그것은 김홍도의 기

김홍도의 〈우물가〉

지, 즉 순간적으로 돌아치는 머리 회전의 빠르기를 말해준다.

기지機智는 문자 그대로, 기민機敏한 지혜라는 뜻이다. 꾀바르고 재치에 넘치는 게 기지다. 재빠르게 초고속으로 뭔가를 보고 알아차리고 눈치채는 것이 곧 기지다. 누구나 알다시피 영어로 '위트'라고 하는데, 영국인들은 인물을 평가할 때, 위트를 최상급의 인성으로 높이 떠받들기도 한다.

그만큼 위트는 영국인들 사이에서, 또 영국 문학에서 큰 몫을 차지한다. 문학으로는 17세기의 이른바 '형이상학파 시인'들의 시를 들게 되는데, 그중에서도 존 던의 시가 한결 더 두드러진다. 그의 작품에 〈벼룩〉이라는, 도무지 시답지 못한 것이 있다. 한 사내가 아름다운 여인에게 사랑을 애걸복걸하고 있었다. 하지만 여인은 막무가내, 들은 척도 안 했다. 그런 중에 여자 몸에서 느닷없이 벼룩 한 마리가 튀어나와 여인에게 잡혔다. 여인은 그걸 찍어서 죽이려고 들었다. 그러자 사내가 문득 말리고 나섰다.

그 벼룩 제발 죽이지 마시오. 그 녀석은 아까까지 내 몸 안에서 피를 빨아 마셨다오. 한데 당신 몸으로 옮겨가서 당신 피를 빤 게 틀림없소. 그러니 뭡니까? 그 벼룩 몸에는 내 피 그리고 당신의 피가 하나로 어울리게 된 게 틀림없소. 모처럼 당신 피와 내 피가 하나가 된 것이지요.

시는 대충 이런 내용이다. 두 남녀의 피가 하나가 된 것은 이미 두 사람이 하나가 된 것이니, 여자에게 자신의 사랑을 거절해야 아무 소용없다고 사내는 말하고 있는 것이다. 이런 것이 영국인의 위트다. 벼룩과 사랑을 한동아리로 엮은 재기가 발랄하다. 그만한 위트를 가진 사내라면 충분히 받아들일 만한 사랑일 것이다.

한데 재미있게도 위트는 대개 유머와 겹친다. 더러 농담, 장난으로도 번역될 유머는 우리말로 하면 해학이 된다. 멋진 웃음, 재미난 익살, 그것이야말로 유머다.

홍선대원군이 한창 권세를 휘두르고 있을 때다. 마침 그는 어린 아들인 고종을 등에 업고 권좌에 앉아서 닥치는 대로 세도를 부리고 있었다. 한 시골 선비가 벼슬을 노리고 그를 찾아갔다. 줄을 대서 갖가지로 애쓴 끝에 간신히 면담이 허락되었다. 선비가 고분고

분 나아갔을 때, 대원군은 서가書架에 책을 받쳐놓고 읽고 있었다. 선비는 가볍게 헛기침을 치면서 정중하게 큰절을 올렸다. 한데 대원군의 반응이 없었다. 그냥 시선을 책에서 떼지 않았다.

내가 절 올리는 걸 못 보았나?

그러면서 선비는 다시 또 큰절을 바쳤다. 그러자 대원군의 불호령이 떨어졌다.

네 이놈! 내가 송장이란 말이냐? 웬 절을 한꺼번에 두 번씩이나 하다니!

누구나 알다시피 돌아가신 이에게 제사를 올릴 때라야 재배, 곧 두 번 절을 하게 되어 있는 것에 빗대어서 애꿎은 선비에게 호통을 가한 것이다. 한데 호통이 미처 끝나기도 전에 선비는 싱긋 웃었다.

아니 옵니다. 처음 절은 뵙는다는 절이옵고 두 번째 절은 물러간다는 절이옵니다.

대원군은 무릎을 치고는 껄껄 웃어댔다. 곧장 재주꾼에게 벼슬을 주었다. 이게 바로 기지를 겸한 유머요 해학이다. 김홍도는 〈우물가〉에서 이와 같이 유머를 함께 갖춘 기지를 그려내고 있다.

누구든 이 야릇한 그림을 보는 순간, 낄낄거릴 것이다. 빙긋거릴 것이다. 갓을 벗어젖힌 데다 앞가슴이며 배를 홀라당 벗고 있다. 배꼽도 드러나 있다. 웃통을 통으로 벗어젖힌 꼴이니, 먼 옛적 그 당시의 풍습으로는 여간 당돌하지 않다. 엄청난 괴짜다. 갓을 허리에 걸친 걸 보면, 신분도 나쁘지 않은 것 같은데 그게 더 말썽이다. 남들 보는 앞에서 그나마 아낙네가 보고 있는데도 그런 꼬락서니, 그런 몸가짐이다. 상것이라도 그럴 수 없는 몰골이다.

사내는 그런 몰골로 바가지째 시원하게 물을 들이켜고 있다. 그 차림새와 어우러져 여간 익살스러운 게 아니다. 고개를 한쪽으로 돌리고 있는 여인네가 풍기는 인상이 화면의 익살을 더한층 돋우고 부채질하고 있다. 이렇게 절묘한 장면을 순간적으로 잡아낸 화가의 재치가 번득이고 그래서 익살을 풍긴다. 온 화면 가득 유머와 기지가 아울러서 요동치고 있다. 보는 사람이 절로 신이 날 것이다.

일손에 나풀대는 신바람

앞서도 이야기했지만 일이란 지겹기 마련이다. 하지만 일하지 않으면 사람은 못 산다. 역겨운 일 당해내고 힘든 일 견뎌내면서 사람 목숨은 이어져간다. 그러기에 파우스트처럼 일이며 땀에 기꺼이 경의를 표하진 못해도 그저 그러려니 하고 받아들이며 사는 것이다.

그런데 이왕 할 거면 즐겁게 하면 좋지 않겠는가? 내친김에 일도 일 나름으로 정성을 들이다 못해 신명을 낼 수도 있을 것이다. 즐거이, 흥겹게 치를 일이 아주 없지도 않을 것 같다. 그걸 김홍도의 〈자리 짜기〉는 재미나게 보여주고 있다.

그림에서는 아낙과 지아비 그리고 아이가 각기 제 몫의 일을 하

김홍도의 〈자리 짜기〉

고 있다. 세 인물은 삼각구도를 이루는데, 맨 앞의 지아비는 자리를 짜고 있고, 그 왼편 뒤의 아낙은 물레질을 하고 있다. 여기 더해서 맨 뒤, 오른편 구석에서는 아이가 책을 펼쳐놓고 있다. 어른들은 일에 열중하고, 아이는 글 읽기에 정성을 쏟고 있는 중이다. 그런데 일이라고 하면 또 노래가 빠지지 않는다.

물레야 물레야 어리빙빙 돌아라
남의 집 귀동자 밤이슬 맞는다

물레야 물레야 어리빙빙 돌아라

> 저 달 뒤에는 샛별이 따르고
> 우리 님 뒤에는 내가 따른다.

전라북도 고창에서는 부인네며 아씨들이 이렇게 노래 장단에 맞추어서 물레질을 했다. '실 잣는 소리', '명 잣는 소리'라고도 하는 '물레 타령'은 지나간 시절, 부인네들의 입에서 떠나지 않았다. 그렇게 소리하면서 일하다 보면 신이 나지 않을 수 없다.

> 오로롱 오로롱 물레는
> 중늙은이 노리개

경상북도 구미 땅의 노래처럼 물레는 여성들의 노리개가 되고 장난감이 되기도 했다. 아니 기왕 일하는 바에 공들이고 정성 들여서 하다 보니, 절로 일거리가 장난감 가지고 놀듯이 신명이 난 것이다.

김홍도의 그림에서 물레질하는 아낙은 여간 신명이 나 있는 게 아니다. 곤추세운 한쪽 무릎은 하늘이라도 찌를 듯이 힘차다. 물레에서 뻗힌 실을 바라보는 눈빛은 사뭇 초롱초롱하다. 물레를 잣고 있는 오른팔은 그 손등만 겨우 보이고 있는데 비해서, 고치에서 실을 뽑아내고 있는 왼팔은 사뭇 날렵한 기세를 보이고 있다. 날쌘 움직임이 느껴진다. 이렇듯 그 표정, 그 자세, 그 몸동작은 그

녀가 얼마나 일에 열중하고 있는가를 샅샅이 보여준다. 그렇게 일에 신명을 내고 있기로는 아내 앞에서 자리를 짜고 있는 지아비도 마찬가지다. 지아비의 신명은 앞으로 내민 다섯 손가락의 발랄한 놀림에서 실감 나게 느껴진다. 그렇게 부모가 일에 바치고 있는 정성은 뒤편에서 책을 읽고 있는 아들에게서도 느껴진다. 듬직한 몸매가 믿음직스러운 만큼 녀석의 책 읽기는 알차다.

　이래서 그림에는 그 전체에 걸쳐서 일하고 공부하는 열기에 넘쳐 있다. 아들은 아비 어미가 일하듯이 책 읽기에 정성을 쏟고 있고, 아비 어미는 아들 녀석 책 읽듯이 일손을 바삐 잽싸게 놀리고 있다. 세 식구가 잘도 어울리고 있다. 화목하고 또 단란(團欒)하다. 둥글둥글 잘도 돌아가고 있다. 그들에게는 일이며 공부가 신명을 타고 있다. 일손에 신바람이 너울대고 있다. 물레가 흥겨이 돌듯이 그들 마음 또한 흥에 겨워 있다.

4장

신명을 묘사하니 카타르시스가 온다

반전의 해피엔딩

〈심청전〉은 기막힌 해피엔딩으로 마무리된다. 하루아침에 입신출세하고, 별안간에 소원 성취하는 인물들이 그려져 있다. 난데없이 음지가 양지로 변한다. 그런 줄거리 속에서 주인공들의 신남은 독자들의 신바람을 불러일으킨다.

심청은 지독한 알거지, 가난뱅이 집안의 외동딸이다. 태어난 지 얼마 지나지 않아 어미가 죽고 아비 밑에서 자란다. 아비는 눈먼 봉사다. 그래서 이웃을 돌아다니며 젖동냥을 해야 했다. 젖먹이를 둘러업고 산모가 있는 이웃집을 찾아다녔다. 젖을 구걸해서 딸을 먹였다. 남의 어미들 가슴팍에 빌붙어서 젖먹이는 겨우겨우 목숨을 부지했다.

그런 꼴로 겨우겨우 심청은 송나라에서 처녀로 자랐다. 알뜰하게 아비도 보살폈다. 갖가지 고생을 무릅쓰고 효도를 했다. 어린 처녀 몸인데도 남의 집에서 삯꾼이 되어서 품삯을 벌었다. 남의 길쌈 일을 하는가 하면 삯바느질도 했다.

그러던 어느 날, 남의 집에 방아를 찧어주러 간 딸이 늦게까지 돌아오지 않자, 심 봉사는 딸을 찾아 나섰다가 그만 발을 헛디뎌서 웅덩이에 빠지고 만다. 지나가던 스님이 구해주며 말한다. 부처님에게 공양미 삼백 석을 바치면 눈을 뜰 것이라고 했다. 자그마치 쌀 삼백 석을 바치라니, 굶주리고 있는 가난뱅이 주제엔 어림도 없었다. 한 석이면 한 섬인데, 섬은 열 말이다. 한 말이 열 되니까, 삼백 석이면 무려 삼 만 되나 된다. 쌓아놓으면 산더미만 할 것이다. 그런데도 심 봉사는 차마 단념치 못하고 끙끙댔다. 그 속을 알아본 딸, 심청에게도 뾰족한 방도가 없었다.

그런데 묘한 일이 생겼다. 송나라 남경의 상인들이 뱃길로 장사를 다니면서 인당수를 지났는데, 바다가 너무 거칠어서 사고가 끊이질 않았다. 그래서 인신 공양을 구하러 다니고 있었다. 누구든 바다에 산 채로 바쳐지는 게 바로 인신 공양인데, 목숨 값으로 쌀 삼백 석을 줄 거라고 했다. 그것을 알게 된 심청은 인신 공양을 자청한다. 그녀는 자신의 목숨을 소경인 아버지 심 봉사의 눈뜸을 위해서 바치고자 결심한 것이다.

아버지에겐 이웃에 양녀로 간다고 핑계를 대고 심청은 남경 상인들의 배를 탄다. 인당수에 다다랐을 때, 이 천하의 둘도 없는 효녀는 바다에 몸을 던지고 만다. 한데 그야말로 전화위복, 심청은 바다 밑의 별세계인 용궁에 들게 된다. 용왕의 반김을 받고 또 뜻밖에 어머니 곽 씨와도 상봉하게 된다.

이번에는 아버지를 만나고자 연꽃 속에 들어서 바다 위로 떠오르는데, 그것을 본 남경 상인들이 신령스럽고 아름다운 꽃이라 송나라의 천자에게 바친다. 심청의 아름다움에 혹한 천자는 심청을 황후로 삼는다. 심청은 아버지를 다시 보기 위해서 천자에게 청해서 소경들을 불러 잔치를 베푼다. 전국에서 모여든 소경들 속에서 심청은 마침내 아버지를 찾아낸다. 딸이 아비 손을 잡고서, "아버님!" 하고 크게 외친다. 바로 그 순간 아비의 눈이 활짝 떠진다. 드디어 공양미 삼백 석에 목숨을 바친 효녀의 정성이 보람을 거둔 것이다.

아비와 딸, 두 사람에게 기쁨은 겹겹이다. 아비로서는 스스로 눈을 떠서 기쁘고 죽은 줄 알았던 딸을 다시 만나서 또한 기쁘다. 딸로서는 자신의 죽음을 걸고 바란 대로 아비가 봉사 신세를 면한 것이 기쁘고 영영 못 볼 줄로만 알았던 아비를 상면해서 또 기쁘다. 그래서 그 곱절의 기쁨으로 둘은 서로 붙들어 안고 울어 마땅할 것이다. 그래서 북받치는 울음으로 표현될 기쁨이 있고 신명 또한 있다는 것을 보여 마땅할 것이다.

박을 타라 신명을 타라

흥부 이야기는 한국 문학사 전체를 통틀어서도 가장 멋지고 신나는 재롱을 보여준다. 부분적으로 슬픈 대목이 있다고 하지만 그것이 해학과 익살의 신명을 당할 바가 아니다. 〈흥부전〉은 한국 문학 최고의 희극 걸작이라 할 것이다.

가령 굶주림에 시달린 흥부가 형인 놀부네 집으로 양식을 구하러 가는 장면을 보자. 밥 동냥을 하러 온 불쌍한 사내를 맞은 형수는 시동생의 뺨을 밥 묻은 주걱으로 후려갈긴다. 밥알이 몇 알, 흥부 뺨에 묻는다. 흥부는 그걸 따서는 입에 넣고 먹어댄다.

이 어처구니없는 장면은 흥부의 행동에 따라서 처절해질 수도, 익살스러워질 수도 있다. 이처럼 〈흥부전〉에서는 서러움과 익살이 엎치락뒤치락하는 모습을 곳곳에서 보여준다.

〈흥부전〉 또는 〈박타령〉의 줄거리는 너무나 잘 알려져 있다. 소설로 또는 판소리로, 요즘은 마당극으로 전해져 온다. 형인 놀부는 아우인 흥부와 그 식솔을 집에서 내쫓는다. 선대로부터 물려받은 유산을 독차지하려는 심보였다. 아내와 자식들을 굶기다 못해, 흥부는 매품을 팔기로 마음먹는다. 조선 시대에 죄인이 관가에서 형벌로 매를 맞는 경우가 있었는데, 죄인을 대신해서 누군가가 매를 맞고 보상을 받는 것을 일러 매품팔이라고 했다. 돈 몇 푼 챙기고 남의 죄 뒤집어써서 매를 맞는 것이다.

그런 처량한 돈벌이로도 흥부네는 근근이 목숨이나 부지하는 형편이었다. 하지만 흥부는 착하고 어질었다. 어느 날 제비가 다리를 다친 것을 보고 그걸 싸매서 치료해준다. 다음 해 봄이 되어 강남서 되돌아온 제비는 착한 흥부에게 은혜를 갚는다. 박씨를 물고 와서 떨어뜨려준 것이다.

추석이 됐지만 흥부네는 입에 풀칠할 것도 없었다. 흥부 아내는 '가난타령'을 하면서 슬퍼한다. 그러자 흥부는 마침 잘 익은 박이라도 타자면서 아내를 달랜다. 한데 바로 이 대목에서, 저 유명한 〈박타령〉이 불러진다.

박이로구나 둥글둥글 둥글 박
이 박 속에 무엇 있나

금송아지 은송아지가

가득가득 들어 있다오

그렇지 그렇지 그렇고 말고 그렇지

○○를 저어볼까

쓰르릉 쓰르릉 한 겹을 따고 쓰르릉

헤 장단을 맞추어 톱줄을 당기자

하나 둘 셋 넷 다섯 여섯 일곱 여덟

아홉 열이로세

두둥실 박이로구나 박이로구나

돈이로구나 둥글둥글 둥글 돈

이 돈으로 무엇 하나

땅을 살까 집이나 질까

흔들흔들 놀아나 보오

그렇지 그렇지 그렇고 말고 그렇지

두둥글 돈 좋구나

쯔르릉 쯔르릉 돈 좋다 좋아 쯔르릉

헤 궁전을 싣고서 임맞이 갈거나

하나 둘 셋 넷 다섯 여섯 일곱 여덟

아홉 열이로세

두둥실 돈이로구나 돈이로구나

이 노래는 한 시대 전 백일이 작사하고 이용준이 작곡한 〈박타령〉이다. 최남용이 재미나고 신나게 불렀다. 이렇게 박을 타자, 첫 박에서는 쌀과 돈이 쏟아져 나왔다. 둘째 박에서는 별의별 비단 옷감이 줄줄이 쏟아졌다. 세 번째에서는 사람들이 나왔는데 목수들이 후딱후딱 제자리서 집을 지어 보였다. 흥부며 아내며 꼬맹이들은 그야말로 놀랄 노 자였다. 긴가민가 기막힌 기적에 마냥 황홀했다. 다들 신바람으로 설레었다.

가난에 찌들 대로 찌들어서 죽지 못해 사는 판에 문득 벼락부자가 되었으니, 그 신명, 그 신바람은 엄청난 것이었다. 〈박타령〉은 한바다처럼 출렁대는 신바람으로 그 장단을 울리고 있다. 휘모리장단을 넘어서 엇모리장단이 휘몰아쳤을 것이다. 그래서 〈박타령〉과 박타기의 흥청댐은 이 땅의 문학사에서 가장 두드러져 있다.

고소해서 신이 난다

　남을 속여먹는 것은 원칙적으로 사기다. 그런 행위를 사기 친다고 한다. 누군가가 남을 골려먹고 제 속을 차린다면, 그는 영락없는 사기꾼이다.
　〈별주부전〉 또는 〈토끼전〉, 〈수궁가〉에서 주인공인 토끼는 일단 사기를 치고 있다. 상대방을 속이고 있다는 말이다. 그러나 토끼가 자라를 속인다 해도 그것은 해도 되는 복수이기에 읽는 사람이나 듣는 사람의 속은 시원해진다. 토끼 스스로도 속이 후련하다 못해 신바람이 날 것이니, 이처럼 흉측한 상대를 속여먹는 것은 나무랄 수도 욕할 수도 없다. 오히려 "잘했어!"라면서 손뼉을 쳐야 할 것이다.

줄거리는 그야말로 대동소이하지만, 소설로는 〈별주부전〉, 〈토끼전〉 또는 〈토공전〉 등으로 불려왔고 판소리로는 〈토생전〉 또는 〈수궁가〉라는 제목이 붙어 있다. 그러나 가장 흔하게는 〈별주부전〉으로 통하고 있다.

〈별주부전〉은 무턱대고 재미난다. 웃기고 익살스러운 장면을 따라 독자는 실컷 코미디를 즐기게 되어 있다. 전체 줄거리에서는 '풍자'가 우세하다. 뭔가를 비판하고 나무라는 것, 그나마 비꼬듯이 하여 읽는 사람의 마음을 가장 크게 사로잡는 사연이며 말이 곧 풍자다. 그러자니 절로 익살도 넘쳐난다. 풍자와 익살을 양수겸장 하고 있는 게 바로 〈별주부전〉인 것이다.

전체 줄거리에서 자라와 토끼는 서로 속이고 속고 있다. 그 엎치락뒤치락이 〈별주부전〉의 재미다. 토끼와 자라는 서로 '내가 지는가 봐라!'고 속여먹기 경연 대회를 벌이고 있는 셈이다. 그러니 재미나고 흥청댈 수밖에 없다.

줄거리 앞머리는 바다 밑의 수궁에서 시작된다. 수궁을 다스리고 있는 용왕 전하가 큰 병을 앓는다. 백 가지 처방에 천 가지 약도 효험이 전혀 없었다. 수궁의 신하들은 회의를 연다. 그런 중 도사가 나서서 특효약의 처방을 내놓았다. 다름 아니고 육지에 사는 토끼의 간이, 그것도 토끼가 살아 있는 채로 뜯어낸 생간이 특효약이라고 했다. 그래서 자라와 문어가 자청해서 나섰다. 평생 단 한 번도 가본 적이 없는 육지에 올라가서 단 한 번도 본 적이 없는 토끼를 납치해오겠다고 자원한 것이다. 그러나 결국 자라가 가기로 결판이 났다.

화공이 그려준 토끼 그림을 챙겨서 자라는 육지에 올랐다. 물속에서는 날렵했지만, 뭍에서는 굼뜨기 이를 데 없는 자라였다. 비트적대면서 찾아 헤매다가 겨우 토끼를 만난다. 자라는 토끼를 협박도 하고 구슬리기도 한다. 육지에서 사는 것은 위험하다고도 했다. 토끼를 노리는 호랑이나 늑대 같은 사나운 맹수들이 있다는 뜻이었다. 그래서 수궁으로 가면 액을 면할뿐더러, 복을 타서 큰 벼슬도 얻을 게 틀림없다고 했다. 그 감언이설에 토끼는 홀라당 넘어갔다. 자라 등에 올라타서 신나게 수궁으로 갔다. 수궁에서는 토끼를 크게 환영했다. 그러던 중에 난데없이 토끼를 꼼짝 못하게 옭매는 게 아닌가.

네놈 간을 우리 용왕님 약으로 쓰겠다.

토끼는 기겁했다. 진땀이 나고 몸이 사시나무 떨듯 했다. 하지만 정신을 바짝 차렸다. 문득 꾀를 부렸다. 용왕을 위해 기꺼이 간을 바치고 싶어도 그럴 수가 없다고 했다. 물기가 찬 간을 꺼내서 햇볕에 말려두고 왔다며 능청을 떨었다. 육지에 돌아가게 해주면 간을 찾아서 바치겠다고 그럴싸하게 둘러댔다. 수궁 사람들은 바보였던지 그만 속아 넘어갔다. 죽을 고비를 꾀바르게 벗어난 토끼는 다시 자라 등에 업혀서 육지로 향했다. 그러면서 토끼는 장단 맞추어 자라 등을 두들기면서 입속으로 중얼댔을 것 같다.

요 못된 바보 천치들 어디 두고 보라고.

드디어 육지에 닿았다. 토끼는 후딱 바닷가에 뛰어내렸다. 높이 뛰기하는 육상경기 선수처럼 날쌔었다. 간신히 뭍에 올라서 꿈틀 대듯이 기고 있는 자라를 저만큼에 두고 소리쳤다.

이 멍청이들, 너흰 간을 떼어서 햇빛에 말리기라도 하나. 안녕, 잘 가라고!

그러면서 용용 죽겠지, 혀를 날름대면서 춤을 추었다. 두 엄지 손가락을 입가에 대고 손바닥을 나풀대고 눈을 씽긋거리면서 자라의 약을 올렸다.

덩더꿍덩더꿍, 얼씨구절씨구!

토끼는 신이 났다. 이건 물론 원 작품의 줄거리나 장면 그대로 베낀 것은 아니다. 그럼에도 원 작품의 뜻을 한껏 북돋우고 있다. 그래서도 토끼의 신바람은 하늘을 찌른 것이다.

아! 그 여인을 다시 만나다니

온 산 기슭에 눈 내린 듯, 하얗게 피어난 메밀꽃 마냥 아름다운 만남. 그래서 설레고 또 신나는 만남을 그린 작품이 이효석의 〈메밀꽃 필 무렵〉이다. 기막힌 우연의 만남을 중매한 존재는 사람이 아니라 메밀꽃이었다. 그 메밀꽃에는 꽃다운 인연이 피어나 있을지도 모른다.

주인공 허 생원은 장돌뱅이다. 마냥 시골 장을 돌아다니며 장사를 하는 장사꾼 허 생원은 일정한 주거지도 집도 없는 방랑객이다. 온 평생을 떠돌이 나그네로 살아왔다. 얼금뱅이에다 왼손잡이였다. 작품의 마무리 대목에서 허 생원이 왼손잡이라는 것은 결정적 역할을 한다. 그러던 그가 강원도 봉평 장에서 같은 또래의 장돌림인 조 선달과 동이라는 이름의 젊은이를 알게 된다.

한데 동이와 가깝게 된 동기가 묘했다. 장거리의 목로주점에서 술 파는 색주가 여인과 시시덕거리는 동이 녀석의 농탕질에 시기심이 난 허 생원이 그의 뺨을 치면서 악을 쓴다. 한데 그날 장이 파하고 쉬고 있는 허 생원에게 동이가 뜻밖에 선의를 베푼다. 허 생원의 나귀가 동네 아이들 등쌀과 해코지에 시달리고 있다고 알려준 것이다. 그럼으로써 허 생원과 동이의 마음이 열리게 된다. 작품의 끝에 가서야 알게 되는 것이지만, 동이와 허 생원의 마음 풀림은 두 사람 사이의 인연이 풀릴 단서가 된다.

짐을 챙겨서 봉평 장을 떠난 셋은 나귀와 어울려서 먼 길 넘어 대화 장으로 향한다. 한데 그 중간 고개를 넘을 무렵, 달빛에 어린 메밀꽃 밭을 지나게 된다. 작품에서는 '소금을 뿌린 듯' 하얗게 메밀꽃이 피어 있더라고 묘사하고 있다. 그것에 마음이 동한 허 생원이 이야기를 꺼낸다. 허 생원의 이야기는 "그 날도 메밀꽃이 하얗게 핀 달밤이었어"로 시작된다. 허 생원은 그날 달이 밝은 탓에 냇가에 가서 멱을 감았다. 그러고는 물레방앗간에 들렀는데, 거기서 웬 낯선 처녀를 만나게 된다. 울고 있는 처녀를 달래다가 허 생원은 그만 처녀와 정분을 맺고 만다. 메밀꽃 피는 달밤에 맺은 단 한 번뿐인 그 인연, 그 뒤 반평생 동안, 메밀꽃이 피고 지는 동안, 서로 소식을 모른 채 지났다고 허 생원은 과거를 되새겨본다. 봉평에서 맺은 그 인연이 그리워서 허 생원은 그 뒤로 해마다 단 한 번도 봉평 장에 들르지 않는 일이 없었다.

　허 생원의 이야기에 마음이 동한 동이가 자신의 신상에 관한 이야기를 털어놓는다. 그는 제천에서 아비 없이 태어났다고 했다. 어머니의 고향은 봉평인데 지금은 제천에서 살고 있다 했다. 이 대목에서 이상한 느낌을 받은 허 생원은 그만 발을 헛디디고 개울물에 빠지고 만다. 그래서 동이에게 업힌다. 동이의 등이 사뭇 포근하고 따뜻했다. 동이의 등에 업힌 허 생원이 물었다.

　　어머니가 아버지를 찾진 않고?

　동이는 어머니가 늘 만나고 싶어 하더라는 말을 전한다. 개울을 다 건넌 뒤, 허 생원은 다음날 대화 장을 보고 제천으로 가겠다고 마음을 굳힌다. 자신의 나귀가 제천에서 낳은 새끼를 볼 겸 제천으로 가겠다고 말하기도 한다.

　이쯤해서 허 생원의 눈에 앞장서서 나귀를 몰고 가는 동이가 왼손잡이란 것이 들어온다. 동이가 제 친아들이란 것을 눈치챈 허 생원의 발걸음은 얼마나 가벼웠을까. 그 마음은 오죽 신이 났을까. 반평생을 두고 늘 그리웠던 여인. 그러나 단 한 번도 만나지 못한 첫사랑의 여인을 마침내 만나게 된 허 생원은 나는 기분으로 갈 길을 재촉했을 것이다. 사랑의 신바람으로 이보다 더한 것이 있을 것 같지는 않다.

가면 뒤의 카타르시스

 근대문학의 대표적 소설가를 꼽자면 이광수, 김동인, 염상섭 등과 함께 현진건을 들 수 있다. 그는 〈운수 좋은 날〉, 〈빈처〉, 〈B 사감과 러브레터〉 등의 단편을 남겼다. 특히 〈B 사감과 러브레터〉는 반전의 백미를 보여주는 작품이다. 그런데 그 반전이 사람의 속을 시원하게 한다.
 〈B 사감과 러브레터〉의 무대는 C 여학교다. 사감인 B 여선생이 주인공이지만 조역들의 역할도 만만치 않다. 천진무구하고 순박한 여학생들과 B 사감은 서로 좋은 대비를 이룬다. B 사감은 나이 40에 가까운 엄청난 노처녀다. 독신주의자라서 시집을 안 갔다기보다는 시집을 못 갔다는 표현이 옳다. 지극한 기독교 신자였지만 성격은 악바리고 얼굴은 못난 편인 데다 주근깨투성이어서 남에게 주는 인상은 별로 좋지 못했다. 거기다 이 노처녀 선생의 성격은 결백주의라고 부르기 딱 좋다.

결백주의란 문자 그대로 마음과 몸을 깨끗하고 맑고 그래서 결백하게 간직하려고 드는 정신 상태를 의미한다. 하지만 그것은 또한 일종의 정신병이기도 하다. 겉으로는 깨끗하고 결백한 마음을 드러내지만, 마음속에서는 자신도 염증을 낼 어두운 구석을 지니고 있기 때문이다. '속 다르고 겉 다르다'는 말처럼, 겉치레는 정갈하지만 그 속내는 더러운 셈이다. 그 속내의 더러움을 부정하려고 한 나머지, 아니면 스스로도 역겨워한 나머지 겉으로 깨끗하게 보이려는 것이 결벽증이다. 깨끗함으로 자신을 위장하는 셈이다.

B 사감은 그런 마음의 병을 앓고 있었다. 남자들을 무턱대고 더럽다고 여겼다. 무슨 흉측한 벌레나 괴이쩍은 병균 대하듯 하였다. 스스로 남자에게서 돌아앉으며 사내들을 멀리하자고 들었다. 그러다 보니 자기가 맡아 가르치고 있는 여학생들을 남자에게서 멀리하게 하려고 기를 쓰는 것을 넘어 악을 썼다. 그 결과 여학생 근처에 남자는 얼씬거리지도 못했다. 심지어 기숙사로 여학생을 찾아오는 학부형들조차 기피하려고 들었다. 마음의 병도 예사 마음의 병이 아니었다. 심지어 기숙사의 여학생에게 오는 남자들의 편지마저 질색했다. 여학생의 의사 따위는 상관없었다. 어쩌다 그런 편지가 날아들면, B 사감은 그 편지를 받은 여학생으로 하여금

119

자기 앞에서 소리 내어 읽게 하고 야단을 치곤 했다.

그러던 중에 묘한 사건이 벌어졌다. 야밤에 어디선가 인기척이 나는 게 여학생들에게 들려왔다. 그것은 누군가가 중얼대고 낄낄거리고 하는 야릇한 소리였다. 궁금해진 여학생 셋이 복도로 나왔다. 소리 나는 쪽으로 다가갔다. 막상 가서 보니, 그것은 바로 B 사감의 방이었다. 이상하게 여겨 문틈으로 들여다보았다. 한데 이게 무슨 일! B 사감이 일인극을 벌이고 있었다. 낮에 한 여학생에게 온 편지를 받들듯이 하고는 사랑한다느니 어쩌느니 중얼대면서 사랑하는 이들이 서로 지을 만한 시늉을 짓고 있었다. 심지어 포옹하고 키스하는 시늉을 짓기도 했다. 여학생 셋은 질겁했다. "미쳤어!" 누군가가 말했다. "아이 불쌍해!" 다른 아이가 중얼대니까, 셋째 아이는 눈에 고인 눈물을 닦아내었.

한데 세 여학생 중에 첫째와 둘째는 통쾌했을 것이다. '저도 별 것 아니면서….' 그렇게 생각하고 고소하다 생각했을 것이다. 노상 잘난 척 뻐기던 위선자의 가면이 벗겨지는 것을 보고 마음으로 손뼉을 치고 싶었을 것이다. 모르긴 해도 저들 방에 돌아가서 깔깔대며 결벽증 환자 흉내, 위선자 흉내를 내었을 것이다. 그래서 속이 시원하고 신이 나기도 했을 것이다.

희비의 쌍곡선

흔히 '희비의 쌍곡선'이란 말을 쓴다. 희극과 비극이 서로 엇갈리고 맞물리는 것을 가리키는 말이다. 얼굴은 함빡 웃고 있지만 눈에는 눈물이 어리기도 하는 법이다. 현진건의 〈운수 좋은 날〉과 황순원의 〈소나기〉는 희비의 쌍곡선을 그리고 있는 대표적인 작품이다.

〈운수 좋은 날〉에서 주인공은 그 제목이 이미 일러주고 있듯이, 일단은 본인의 신세나 처지로는 생각도 못할 행운을 맞는다. 주인공은 인력거꾼이다. 손으로 끄는 두 바퀴가 달린 수레가 인력거다. 주인공 김 첨지는 가난뱅이였다. 세 살배기 개똥이와 아내를 먹여 살리기도 어려웠다. 더욱이 아내는 오랫동안 자리에 누워 있으나 약은커녕 끼니도 갖추지 못하고 있었다.

　근 열흘 동안 재수에 옴이 붙어서인지 김 첨지는 단돈 한 푼도 만져보지 못하는 구렁텅이에 빠져 있었다. 그러던 어느 비 오는 날 아침, 그는 인력거를 끌고 집을 나선다. 앓고 있는 아내가 웬일인지 그날따라 일을 나가지 말라고 말렸지만 그는 막무가내였다. 집 나가는 그의 등 뒤에서 설렁탕이 먹고 싶다 하는 아내에게 김 첨지는 대뜸 욕을 퍼부었다. 사흘 굶은 아내였다. 조밥 먹고 체해 배탈이 난 것에 빗대어서 마구잡이로 쌍소리 욕을 안기고 거리로 나선다.

　그런 사나운 심정으로 거리에 나선 그에게 그날따라 손님이 쏟아졌다. 네 사람씩이나 연달아서 손님이 몰려들었다. 태우고 달리고 내리고 또 태우고 달리고 내리기를 연거푸 서너 차례나 하는 것은 엄청난 행운이 아닐 수 없었다. 그는 속마음으로 인력거꾼 생활을 시작한 뒤로, 여태껏 단 한 번도 그런 일은 없었을 것 같다고 우쭐대었을지도 모른다.

　줄잡아 2원 가까운 돈을 벌었다. 글쎄, 정확하게 계산할 수는 없지만 요즘 돈으로 5~6만 원이 넘을지도 모르겠다. 그날그날 품팔이하듯이 먹고 사는 주제 치고 떼돈이 아닐 수 없었다. 주머니에 챙겨 넣은 동전들이 무슨 신명 타령을 울리듯 딸까닥대었을지도 모른다.

　그 순간 그의 팔자는 행운의 최정상을 향해서 아슬아슬하게 가파른 상승곡선을 그리고 있었던 게 틀림없다. 속으로 '인생 만세!'를 외치고 있었을지도 모른다. 한데, 줄지어 나타난 손님을 태우고 신나게 달리면서도 연신 앓아 누운 아내의 모습이 떠올랐다. 하지만 김 첨지는 운수 좋음에 흠뻑 취했다. 손님이 탄 인력거를 끌고 쏜살처럼 내달렸다. 그 내달림은 바로 신바람이었다.

일을 마치고 돌아오는 길에 모처럼의 신명을 돋우려고 술집에 들른다. 심하게 술주정을 하면서 실컷 한풀이를 했다. 운수대통한 날을 스스로 신명나게 축하한 것이다. 아내를 위해서 아내 소원대로 설렁탕을 한 그릇 사든 것도 그 신명이 거들었을 것이다.

비틀대면서 집에 돌아왔다. 방에 들어서는데, 늘 나기 마련인 아내의 기침 소리가 들리지 않았다. 누운 아내 곁으로 갔다. 아무 기척이 없었다. 왜 이럴까 여기면서 발로 차도 전혀 반응이 없었다. 꼼짝도 않고 숨도 쉬지 않는 어미 가슴에 매달려서, 세 살배기 개똥이가 젖을 빠는 소리만이 유달리 귀에 울렸다.

오늘따라 운수가 좋더니.

숨을 거둔 아내 곁에서 그는 그렇게 중얼댔다. 행운의 꼭대기를 향해서 신나게 치달아 오르던 곡선이 아차 하는 사이에 불행의 웅덩이에 침통하게 내리박힌 것이다. 운수 대통해서 신명나게 함박 웃음 웃는 얼굴을 이내 눈물이 적시고 든 것이다.

〈운수 좋은 날〉의 이런 구조는 〈소나기〉에서도 그려진다. 그런 뜻에서 두 작품은 서로 닮아 있다. 〈소나기〉는 겨우 철이 들까 말까 하는 나이의 소녀와 소년을 다루고 있다. 남자아이는 토박이의 시골내기인 데 비해 여자아이는 서울에서 자랐다. 병약한 몸을 다스리기 위해 시골에 온 소녀는 소년에게 마음이 끌린다. 심심했던 이유도 있었겠지만 소녀는 소년보다 적극적이었다. 소녀는 야트막한 산기슭에 자리 잡은 땅 부자인 자기네 집에 머물고 있었다. 이에 비해서 소년은 들 가운데 마을에서 남의 땅을 부쳐서 사는 농부 집안의 아이다.

  소녀와 소년은 용케도 그렇게 대조적인 두 마을의 한가운데를 가르며 흐르는 개울에서 처음 만나게 된다. 서로 사귀고 얼마 지난 어느 날 둘은 함께 산에 오른다. 한데 내려오는 길에 소낙비를 만난다. 비에 젖어서 지친 소녀를 소년은 등에 업는다. 작품은 그저 소녀가 소년에게 업혔다고만 했지 그 순간 소년의 마음이나 기분에 대해서는 말을 하지 않는다. 그러나 읽는 사람으로서는 소녀를 등에 업은 소년의 마음이 헤아려지고도 남는다. 얼마나 기분이 좋았을까. 소년은 행운을 등에 둘러멘 것이었다. 무겁다거나 성가시다는 생각은 일어나지도 않았을 것이다. 짐이 되고 귀찮다니, 그것은 말도 안 된다고 해야 할 것이다. 풍선을 업고 하늘을 나는 기분이었을지도 모른다. 등에서 시작해 등줄기를 타고 마침내 온 사지가 기쁨으로 저렸을 것이다. 내딛는 발걸음이 절로 신명을 탔을 게 틀림없다.

한데 그 후 소년은 소녀를 볼 수 없었다. 개울 건너로 멀리 넘겨보다 못해 소녀의 집 근처를 맴돌기도 했지만, 감감무소식이었다. 그러던 어느 날 밤, 소년은 잠결에 곁에서 부모가 주고받는 얘기를 통해 소녀의 죽음에 대해서 알게 된다. 소녀는 숨을 거두면서 풀빛으로 물든 옷을 입혀서 묻어달라고 했다. 그건 그 며칠 전 비 오는 산길을 내려오는 동안, 소녀가 소년 등에 업힘으로써 소년의 옷에서 소녀의 옷으로 옮아간 풀빛이라는 것을 소년은 짐작할 수 있었다. 그 밤 소년은 한순간에 서러움과 슬픔을 겪었을 것이다. 소녀를 등에 업음으로써 모처럼 누릴 수 있었던 신나는 즐거움은 그만 눈물로 젖고 만 것이다.

〈운수 좋은 날〉에서나 〈소나기〉에서는 이미 앞에서 말한 대로 희비의 쌍곡선이 그려지고 있다. 즐거움과 신바람이 한순간에 눈물로 얼룩지기로는 두 작품이 서로 조금도 다를 바 없다. 신바람은 다름 아니고 눈물의 씨앗이었는지도 모를 일이다.

호랑이는 뒹굴, 오누이는 덩실

동화는 거의 대부분 '해피엔딩'으로 마무리된다. 주인공으로서는 행복하고 즐거운, 그래서 신나는 결말이다. 대부분의 동화에서 주인공인 꼬맹이는 한동안 괴로움을 겪고 어려움에 시달린다. 외로움과 가난이 주인공을 힘들게 하는 것이다. 하지만 끝에 가서 주인공은 '만세!' 소리를 드높게 외친다. 그 점은 우리나라의 호랑이 얘기에서도 마찬가지다.

이야기의 중반을 넘어 끝나기 직전 무서운 호랑이는 아기 주인공에게 으르렁대면서 덤빈다. 하지만 이야기가 끝에 이르면 골탕을 먹는 호랑이와는 대조적으로 아기 주인공은 탈 없이 위기를 벗어나게 된다.

옛날 옛적 아주 먼 옛날, 어린 오누이가 부모 없이 어느 산골에 살고 있었다. 마을에서 멀리 떨어진 외딴 곳이었다. 한데 어느 겨울 해질 녘에 손님 셋이 찾아왔다. 밤과 바늘 그리고 지게가 손님이었다. 그들은 춥다면서 따뜻한 곳에 있게 해달라고 했다. 오누이는 손님들을 부엌으로 데려갔다. 밤은 아궁이의 잿더미 속에 묻어주고, 바늘은 아궁이 앞에 눕게 해주었다. 지게는 부엌문에 기대어서 쉬게 해주었다.

그리고 오누이는 잠이 들었다. 포근하게 잘 자고 있는데, 누군가가 '와락!' 문을 열었다. 느닷없이 불어닥친 찬바람에 잠이 깬 오누이 앞에 난데없이 호랑이가 나타났다. 날카로운 이빨을 드러내고 무섭게 으르렁댔다. 오누이는 기겁했다. 하지만 오라비가 정신을 차리고는 호랑이에게 말했다.

호랑님, 호랑님, 우릴 잡아 잡수시기 전에 부엌에 가서 더운 물 마시고 오세요. 목이 마르실 테니까요.

오라비는 도망갈 시간을 벌고자 했다. 호랑이가 부엌으로 나갔다. 가마솥에서 물을 떠 마시려고 아궁에 다가갔다. 한데 바로 그때였다. 획 하고 아궁이의 재가 날려서 호랑이 눈을 덮쳤다. 재에 묻혀 있던 밤이 익어서 '펑펑!' 하고 터진 탓이었다.

앗, 따가워!

호랑이는 눈을 부비면서 뒹굴었다. 그러자 아궁이 앞, 부엌 바닥의 바늘이 따끔따끔 호랑이를 찔러댔다.

앗, 아파!

호랑이는 피를 흘리면서 나뒹굴었다. 아픔에 대굴대굴 구르다 부엌문께까지 이르렀다. 이때 지게가 호랑이를 날름 지게 위로 올리고는 뚜벅뚜벅 걸어 나갔다. 한참을 가서 기진한 호랑이를 깊은 못에 풍덩 내던졌다. 호랑이는 미처 허우적거리지도 못하고 죽고 말았다. 지게를 뒤따라가서 그 모습을 보게 된 오누이는 덩실덩실 춤을 추었다.
　얘기의 끝마무리가 근사하다. 물에 빠진 호랑이에게 '꼴좋다!'면서 혀를 차고 싶을 것이다. 밤은 펑 하고 터졌다. 바늘은 따끔따끔 찔러대었다. 지게는 뚜벅뚜벅 걸어 나갔다. 호랑이는 풍덩 하고 물에 빠졌다. 그 소리의 울림이며 몸짓이며 움직임새가 모두 재미난다. 속 시원한 끝마무리와 어울려서 얘기를 듣고 읽는 사람의 마음도 여간 신나는 게 아니다. 줄거리는 서로 달라도 동화의 마무리는 거의 모두가 이렇듯이 신명 넘치게 끝나고 있다.

호모 루덴스

놀이만큼 신나는 것이 있을까? 지금은 학원에 갇히고 컴퓨터와 스마트폰에 갇혀 살지만 옛날 어릴 적에는 "와, 우리 나가 놀자!" 하는 말 만큼 신나는 말도 없었다. 그렇게 소리 지르며 아이들은 신바람을 냈다. 놀이는 재미고 흥청댐이고 신나기다.

> 노세 노세 젊어 노세
> 늙어지면 못 노나니
> 화무는 십일홍이요
> 달도 차면 기우나니요
> 얼씨구절씨구 차차차

지화자 좋구나 차차차

화란춘성 만화방창

아니 노지는 못하리라

차차차 차차차 차차차 차차차

노래를 부르며 소리치며 춤추었다. '얼씨구절씨구'로 한층 더 흥이 나고 '차차차 차차차'로 신바람을 배가시킨다. 하지만 놀이란 참 까다로운 말이다. 뜻이 엎치락뒤치락해서 그 뜻을 매기기가 쉽지 않다.

'논다니'라는 말이 있다. 이 말은 아주 흉측하다. 지난날 술집에서 몸 파는 여자를 논다니라고 했다. '논팽이'도 흉하기는 마찬가지다. 아무 하는 일 없이, 놀고 먹으면서 못된 짓 골라 하는 녀석을 욕하는 말이 논팽이다. 게다가 "자식, 놀고 있네"라고 말하면 욕이 된다. 누군가가 마구 실없는 짓을 하거나 못난 짓을 하고 있음을 흉보는 말이다.

한편 '돈놀이'라는 말도 별로 좋지 않다. 돈놀이란 남에게 돈 빌려주고 이자를 챙기는 짓이니, 돈놀이하다가 수전노守錢奴가 되기 십상이다. 그러니 돈놀이하는 사람은 남에게 칭찬을 들을 턱이 없다. 이들 몇 가지 보기에서 '논다'는 눈살을 찌푸리게 만든다.

하지만 꼬맹이들이 재미나게 놀고 있음을 보는 것은 매우 즐거운 일이다. 그들에게 놀이는 곧 사는 일이다. 그들은 놀이로 자라고 성장하기 마련이다. 놀이는 목숨 가꾸기나 마찬가지다. 게다가 아이들의 놀이는 재치가 번득이고 깨가 말로 쏟아지기 마련이다.

한데 어른들의 경우라도 '놀이'는 예사롭지 않다. 전통적으로 놀이라고 하면, 각종 연희와 연예 그리고 오락이며 취미 그리고 유흥을 통틀어서 일컫고 있다. 일상으로 실생활이나 일을 꾸려가는 것과는 달리, 여가를 즐기고 보내면서 재미 보고 흥이 솟구치는 온갖 행위를 우리들은 놀이라고 일러왔다. 가령 명절이 되면 놀이로 흥청대고 놀이로 신명 돋우면서 온 나라가 그만 놀이판이 되고 만다. 정월 대보름, 삼월삼짇날, 5월 단오, 8월 추석 등은 놀이의 명절이기도 하다.

사물놀이, 마당놀이, 탈춤놀이, 풍악놀이, 농악놀이, 고싸움놀이, 쥐불놀이, 광대놀이, 윷놀이, 화투놀이, 꽃놀이, 차전놀이 등 '놀이' 자가 붙은 것만 해도 그야말로 부지기수다. 그런가 하면 '놀이' 자가 붙지 않은 놀이는 더 많다.

아이들의 경우에도 팽이치기, 제기차기, 썰매타기, 닭싸움, 눈싸움, 땅따먹기, 비석치기, 줄넘기, 술래잡기, 연날리기, 씨름, 고누 등 하고많은 놀이가 있다. 하지만 놀이는 아이들의 전유물이 아니었다. 어른들이라고 아이들보다 못할 것이 없다. 이렇게만 보면 일하기 위해서 사는 것인지, 놀기 위해서 사는 것인지 가늠하기가 어려울 정도도. 그래서 또 한국인은 별난 '놀이 인간'이다.

라틴 말로 '호모 루덴스'라면 '놀이하는 인간'이란 뜻이다. 인간이 놀이를 함으로써 인간이 된다는 것을 의미한다. 인간의 본질이 놀이라는 것을 이 말은 강조하고 있는 것이다. 이 개념은 네덜란드의 역사가 요한 하위징아의 《호모 루덴스》에서 제창되었다. 그리고 프랑스 인류학자 로제 카유아는 《놀이와 인간》에서 놀이를 네 가지로 나누었다. 그는 세분화된 예를 통해 '다투기 놀이', '흉내 내기 놀이', '요행수 보기 놀이', 그리고 '취하기 놀이' 등의 놀이 유형을 정립하고 풀이했다.

'겨루기 놀이'라고 해도 좋을 '다투기 놀이'는 두 사람 또는 두 패가 이기고 짐이나 따먹고 잃음을 걸고서 하는 놀이다. 그 예로는 제기차기, 씨름, 줄다리기, 차전 등을 들 수 있을 것이다. 이밖에 아이들이라면 팽이치기로 겨루기를 하지만, 딱지치기도 하게 된다. 술래잡기나 숨바꼭질 역시 일종의 '겨루기 놀이'라고 할 수 있을 것이다.

'흉내 내기 놀이'는 무엇인가? 어떤 대상을 모방하는 것을 재미 삼는 놀이인데, 아이들이 이를 악물고 두 눈을 크게 떠 으르렁거릴 때, 그것은 호랑이 흉내 내기다. 그 밖에 아이들은 선생 놀이, 의사 놀이, 전쟁놀이, 닭싸움, 소꿉놀이를 하면서도 '흉내 내기 놀이'를 즐긴다.

'요행수 보기 놀이'는 '운수 보기 놀이' 또는 '재수 보기 놀이'로 바꾸어 부를 수 있다. 어른들 사이에서는 화투가 그렇듯이 갖가지 요행수를 노리는 놀이가 많다. 요즘으로 따지면 카지노나 인터넷의 각종 게임에서 이루어지는 놀이가 여기에 해당될 것이다.

'취하기 놀이'는 어지럼증을 타거나 술에 취한 듯이 도취에 빠지거나 황홀경에 빠지게 되는 놀이다. 꼬맹이들이 픽 하고 쓰러질 정도로 몸을 잇따라서 뺑그르르 돌리는 몸 돌리기 놀이는 어지럼 타는 재미를 맛보게 한다. 그런가 하면 옛날 젊은 아낙들이나 처녀들에게는 그네 타기며 널뛰기에 한창 빠져 있을 때 눈과 머리가 아찔아찔해질 정도로 어지러움을 타는 게 재미가 될 것이다. 땅에서 잇따라 하늘로 솟구치면서 또는 몸을 가볍게 하늘로 날리면서 여인네들은 어질어질 술에 취한 것 같은 기분에 빠지기도 할 것이다.

이들 네 가지 놀이는 어느 것이나 신명을 떨치게 되어 있다. 겨루기 놀이에서 이기면 신난다. 아이들은 흉내 내기 놀이를 하면서 장난질로 신바람이 난다. 취하기 놀이는 더 말할 것도 없다. 그것이 불러일으킬 도취와 황홀감이 신명을 돋우지 않을 수 없다. 요행수 놀이 가운데서도 화투 치기 따위의 노름에서 이기면 신이 솟구치는 것도 사실이다. 물론 과유불급이지만 말이다. 하지만 이래서 놀이는 신명 판이 되고 신바람의 소용돌이가 된다.

중요한 것은 우리가 놀이와 함께 살았다는 사실이다. 그러나 그 놀이가 그저 놀이였을까? 그렇지 않을 것이다. 놀이는 고단한 삶의 비일상이었을 것이다. 그리고 그것은 삶의 에너지였을 것이다. 우리는 에너지를 채우는 지혜를 가지고 있었다. 노동에서 신명을 얻은 것도 그 때문이었다.

나는 것은 마음인가? 연인가?

푸른 하늘 높이 연을 날리는 것은 여간 신나는 일이 아니다. 얼레에서 길고 높게 뻗어나간 실에 매달려 하늘을 나는 연은 사람을 설레게 한다. 하늘을 오르는 소망, 하늘을 나는 꿈, 그것은 까마득한 상고대에 이미 시작되었음을 우리는 이미 알고 있다. 천 년을 훌쩍 넘는 그 옛날, 부여 해모수 왕은 다섯 마리 용이 이끄는 수레인 오룡거를 타고 하늘과 땅 사이를 내왕했다고 전해져 온다. 그런가 하면 고구려의 둘째 왕인 유리는 몸을 날려서 태양까지 날아올랐다.

사람들은 누구나 하늘을 나는 꿈을 꾼다. 그런 꿈이 마침내 비행기를 만들고 우주선을 낳았을 것이다. 연에는 그 같은 꿈이 서려 있다. 연은 한자로 '鳶'이라고 쓴다. '주살 익' 아래에 '새 조'가 받쳐져 있는 모양으로 보아 일종의 화살인 주살을 맞은 새가 연으로 풀이된 듯하다. 말하자면 연은 사람에게 잡힌 새에 비유된 것이다. 요컨대 하늘을 새처럼 날고 있는 게 곧 연인 셈이다. 그렇다면 연 가운데서도 '독수리 연'이 '鳶'자에 가장 잘 어울릴 것이다.

하늘을 나는 신화가 까마득한 상고대에 이미 이야기되었던 것같이, 연의 역사도 사뭇 오래다. 신라 김유신 장군은 반란을 일으킨 무리를 다스리는 과정에서 높이 띄운 연을 신호로 삼았다. 그런가 하면 고려 최영 장군은 불덩이가 매달린 연을 날려보내 적진을 불타게 하였다. 연이 공중에서 지상을 폭격하는 무기로 사용된 셈이다.

그 쓰임이 어떠했든 연의 본색은 새처럼 하늘을 나는 것이다. 창공을 훨훨 날고 싶은 인간의 소망이 연에 실려 있다. 인간이 신날 때, 마음이 펄펄 뛴다고 했다. 더 크게 더 벅차게 신바람이 날 때는 마음이 훨훨 난다고들 했다. 그렇게 하늘을 나는 인간의 마음이 곧 연이다.

그래서 지난 시절, 사람들은 연날리기를 굳이 정월 초하루 설날에서부터 대보름에 걸쳐서 즐겼다. 연날리기는 새해를 반기는 명절놀이의 하나였던 것이다. 새해에 복 많이 받아서 알차게, 신나게 살자고 옛 남정네와 사내아이들은 연을 날린 것이다. 연날리기의 신명은 두 가지다.

연아, 연아 날아라

푸른 하늘 드높이

연아, 연아 날아라

바람 타고 날아라

구름처럼 날아라

독수리처럼 날아라

이렇게 노래하면서 창공 높이 날리는 것 자체가 신명을 맛보게 할 것이다. 연이 펄펄 날듯이 얼레를 잡은 사람의 마음 또한 날 것이다. 연이 나는 것만큼 신명이 난다. 동그랗게 원을 그리는 연, 위아래로 가파르게 물구나무서는 연, 좌우로 날쌔게 가로지르는 연, 여러 날렵한 도형을 그리며 날고 있는 연, 연은 연을 날리는 사람의 마음에도 신명을 그려낸다.

연날리기의 또 다른 신바람은 서로 겨루어 연줄 끊기를 하면서 일어난다. 두 사람이 서로 얽힌 연줄을 감고 풀면서 맞붙으면 두 연이 한판의 씨름을 벌인다. 두 연의 힘겨루기가 난리를 치는 와중에 한쪽 연줄이 '뚝!' 끊어져 나간다. 바람개비처럼 회오리를 치면서 연이 아래로 아래로 내리박힌다. 그렇게 곤두박질하는 상대방의 연을 쳐다보는 사람은 승리의 쾌감에 젖는다. '만세' 소리 드높게 손뼉을 치고 싶어진다. 이겨서 훨훨대는 자신의 연만큼 신바람을 날린다.

연을 날렸던 우리는 마음을 날릴 줄 알았던 것이다. 몸은 이 세상에 있을지라도 마음은 속박을 벗어난 창공으로 날릴 수 있었던 것이다. 그것은 우리가 항상 하늘을 지향하며 무언가를 이루어왔음을 의미하는 것이기도 하다.

활활, 불길 오르듯 신바람 날리고

정월 대보름, 동산에 달이 뜨는 것과 때를 같이해서 달집에 불이 붙는다. 음력으로 정월 대보름은 설 명절의 막바지다. 우리의 오래된 세시풍속에서 설은 정월 초하루의 설날에 시작해, 새해의 첫 만월^{滿月}인 15일의 대보름까지 이어지곤 했다.

매달 드는 보름인데 유독 대보름이라고 '큰 대^大' 자가 붙은 보름이 음력 정월의 보름이다. 새해의 첫 보름달을 맞이하는 잔치와 놀이는 그 흥성함이나 규모가 단연 뛰어났다. 정월 초하루부터 열나흘까지가 모두 설이지만 흥청댐의 절정은 대보름이었다. 그래서 대보름은 설 가운데 설이었다.

새해 들어 처음 보게 되는 보름달은 아주 특별났다. 그 크기, 그

둥글기, 그 밝기가 단연 으뜸으로 받아들여졌다. 대보름 둥근 달은 달 중의 달로 대접받았다. 해서 달의 명절인 대보름의 세시풍속은 매우 풍족했다. 다양한 행사, 여러 가지 놀이가 흥성하게 치러졌다. 진탕으로 잔치가 벌어지기도 했다. 한 해 동안 어떤 명절도 그런 면에서는 대보름을 따를 수조차 없었다.

  대보름에는 다섯 가지 곡식으로 지은 오곡밥을 먹었다. 그로써 오복을 누리게 된다고 믿었는데, 오래 살기, 부자로 살기, 편안함을 누리기, 좋은 인간성을 갖추기 그리고 오래오래 살다가 곱게 숨 거두기가 다섯 가지의 복, 곧 오복이다. 대보름에는 또 귀밝이술을 마시고 부럼을 깨물었다. 문자 그대로 마시면 귀가 밝아지는 술이 귀밝이술인데, 귀가 밝아짐으로써 남의 마음을 잘 헤아리게 되고, 세상 물정도 잘 터득하게 될 것이라고 옛사람들은 믿었던 것이다. 말하자면 마음이 튄 사람이 되기 바라면서 사람들은 귀밝이술을 마셨다. 부럼이란 은행, 호두, 잣, 땅콩 따위의 껍질이 단단한, 이른바 견과堅果를 가리키는데, 이것들을 '오도독!' 큰 소리를 내면서 깨물면 부스럼이 달아난다고 믿었다. 또 나쁜 운수도 그 깨물음이며 소리에 놀라서 도망친다고 믿었던 것 같다. 참 재미난 생각이다.

  대보름에는 달맞이가 있었다. 마을 앞의 동산 너머로 또는 바다 너머로 갓 떠오르는 둥근달을 우러러보면서, 한 해 두루 보름달처럼 둥글게 밝게 꾸려져나가기를 빌었다.

달이 뜬다

대보름달이 뜬다

한 해도 밝게 밝게

올 한 해도 둥글게 둥글게!

그런가 하면 대보름에는 큰 행사가 벌어지곤 했다. 우선 농악대의 풍악과 춤으로 노는 지신밟기가 흥을 돋우었다. 마을 안을 돌아다니며 집집마다 풍년이 들고 건강하고 편안하게 한 해를 누리게 되기를 빌면서 노는 지신밟기는 온 마을을 신명으로 넘치게 했다. 풍악과 춤이 신에게 절하고 빌기를 겸한 것이다. 우리는 음악과 춤에 어린 신비한 힘, 뭐라 말할 수 없는 크나큰 힘을 믿었던 것이다.

한편 횃불싸움, 쥐불놀이로 온 마을이 아우성을 치기도 했다. 이웃 마을끼리 편을 짜고는 켜든 횃불을 휘둘러대면서 상대방의 기세를 꺾으려는 횃불싸움은 그야말로 으리으리했다. 새해에 마을의 운세가 횃불로 타오르기를 빌었던 것이다. 또 대보름에는 쥐불놀이도 벌어졌다. 두 편으로 갈라져서 동네의 논둑이며 밭둑의 마른 풀에 불을 지르고, 그 번져가는 불길이 상대방 불길을 짓누르기를 노리는 불 싸움이 곧 쥐불놀이인데, 그렇게 함으로써 들과 논밭에 있는 쥐의 씨를 말릴 수 있다고 믿었던 것이다. 그러나 근본적으로 쥐불놀이의 의미며 구실은 쥐를 쫓는 것에 멈추지 않는다. 불의 기세, 불길의 기운이 곧 마을의 새해의 기세가 되기를 다짐해두었던 것이다.

한데 대보름 불놀이로는 '달집의 불'도 있다. 넓은 들 한쪽에 달집을 지었다. 대나무와 솔가지를 엮어서 동그마한 오두막집처럼 생긴 둥지를 만들고 그걸 '달집'이라고 했다. 그 달집에 불을 지르면 그것이 곧 '달집의 불'로 타오른다. 그 엄청난, 힘센 불길로 달의 힘이며 기운이 마을 안에 서리게 될 거라고 사람들은 믿었던 것이다. 이글이글 지글지글 타오르는 불길, 그 달집의 불로 부정이 가시고 마을 안이 온통 깨끗해질 것이라고 다들 믿고 있었다.

횃불싸움, 쥐불놀이 그리고 달집의 불, 이 셋은 '삼대 대보름 불놀이'를 이루게 되거니와 그것으로 사람들은 달의 힘이 곧 불기운을 타고 온 마을에, 온 땅 위에 고루 퍼지기를 노렸다. 대보름에 활활 타오르는 불길, 그것은 불이 가진 가장 긍정적이고 바람직한 상징을 갖추고 있었다. 그것은 무엇보다 뜨거운 에너지이며 힘을 상징했다. 문득 크게 일어나는 힘 말고 열정도 상징하고 있었다. 새로운 변화의 계기를 의미하기도 했다.

이래서 횃불싸움, 쥐불놀이, 달집의 불은 서로 합쳐져 불의 좋은 상징을 두루 다 갖추고 무섭게 타올랐다. 불이 갖기 마련인 좋은 상징성을 두루 갖춘 대보름 불놀이의 불길은 뜨거운 신명으로 활활 타올랐던 것이다. 그것은 무섭도록 이글대는 신바람이었다.

뛰고 타고 올라라

두툼한 널빤지 중간 아래에 가마니 뭉치나 짚더미 따위로 받침이 괴어 있다. 그게 곧 널이다. 그 양쪽 끝에 한 사람씩 올라서면, 그들 몸무게에 따라서 널의 한쪽 끝은 들리고 다른 한쪽 끝은 땅바닥에 박힌다. 그 상태로 널의 양쪽 끝에서 마주 보고 선 두 사람이 번갈아서 뛰면 널이 오르락내리락하는데, 그게 바로 널뛰기다. 한 순간에 한쪽 사람의 몸은 솟구치고 다른 한쪽 사람의 몸은 아래로 내리꽂힌다. 널뛰기는 그 오르락내리락함이 번갈아서 계속된다.

허누자 척실루

네 머리 흔들

내 머리 삽작

허누자 척실루
네 댕기 팔랑
내 치마 낭럭

허누자 척실루
네 눈이 휘휘
내 발이 알알

　함경도 함흥 지방에서는 젊은 아씨나 처녀들이 이렇게 노래 부르면서 널뛰기를 한다. '허누자 척실루'는 뜻이 없는 이른바 여음이다. 장단 맞추고 흥에 실어서 내는 소리다. 몸이 절로 신명을 타는 소리다. 한데 지역이 달라지면 뛰기는 같아도 소리는 달라진다.

형네 집서
콩 하나를 얻어다가 심었더니
콩 한 되가 되었네

한 되를 심었더니
한 말이 되었네

> 한 말을 심었더니
>
> 한 섬이 되었네

　전남 화순에서는 이 노래에 맞추어서 널을 뛰고 또 뛴다. 함흥 노래는 '허누자 척실루'의 여음에 어울려서 '흔들 삽작', '팔랑 낭럭', '휘휘 알알' 따위의 꼬리 소리가 여간 흥을 돋우는 게 아니다. 뛰고 또 뛰는 데 따라서 흔들대는 머리, 팔랑대는 댕기며 치마가 여간 신나는 게 아니다. 한데 이에 견주어서 화순의 노래는 조금 심심한 편이다. 하지만 콩의 풍년 들기를 빌면서 한해 농사의 풍년을 아울러 빌고 있는 그 마음이 알뜰하고 살뜰하다. 놀이가 기도인 셈이다. 기도하면서 놀고 놀면서 빈다.

　널뛰기는 정월 대보름, 5월 단오 그리고 추석 한가위에 맞춘 부녀자들의 명절놀이다. 한해가 오고 가는 데 따른 중요한 고비나 대목을 반겨 맞고 넘기는 것에 겸해서, 마을이며 고을의 운세와 개개인의 운수가 곱게 돌아가기를 비는 놀이가 다름 아닌 널뛰기였다.

> 꽈당! 꽈당!
>
> 덜컹덜컹!

　널이 아래로 박힐 적마다 땅이 그리고 온 대지에 소리가 울렸다. 땅바닥은 지진이 난 듯하고 그 울림은 온통 둘레에 메아리쳤다. 그

여인들의 널뛰기

것은 땅의 힘을 불러일으켜서 집안과 마을의 기운을 일깨웠다.

그뿐만이 아니다. 뛰고 굴리는 데 따라서 몸은 하늘로 치솟았다. 뛴다고 하지만, 반쯤은 소스라쳐 날기도 했다. 치마가 팔랑대고 옷고름과 머리댕기도 휘날렸다. 그 팔랑거림, 그 휘날림은 널뛰는 사람의 몸과 마음의 신명이었다. 오죽하면, '뛸 듯이 기쁘다'고 했겠는가. 마주 보고 서로 중천으로 날아서 뛰어오르는 널뛰기는 흥겹기 한량없었다. 신바람이 마구 불어댔다. 이쪽에서 '꽈당!' 하고 널을 내리밟으면, '화들짝!' 하고 저쪽에서는 솟구쳐 올랐다. 그게 번갈았다. 두 사람이 치솟고 내리꽂히고, 내리꽂혀서는 치솟기를 되풀이했다. 그것은 옛 시절의 풍속으로 보아 예삿일이 아니었다. 평소에 줄곧 갇혀 있다시피 웅크려 있기만 하던 여성들이 뛰고 솟구치고 하다니, 그것은 엄청난 일이다. 그것은 자유고 해방이기도 했다. 아니 더 나아가서 반란이고 혁명이기도 했다.

우릴 언제까지나 가두어둘 거냐? 어림도 없지. 분풀이하듯이 뛰고 굴리고 날뛰고 할 거라고!

어째서 이 세상이 사내들만의 것이냐. 우리도 마음껏 신명풀이 할 거라고!

이렇게 소리 없는 아우성을 치며 젊은 여성들은 널을 뛰었다. 하기야 신바람이 날 대로 났다. 그래서 널뛰기의 속내를 그네 타기와 함께 찬찬히, 깊게 들여다보아야 한다.

달성 심어진 남게
늘어진 가지에 군디 줄 매자

임이 뛰면 내가 밀고
내가 뛰면 임이 민다

임아 임아 줄 잡지 마라
줄 떨어지면 정 떨어진다

경북 달성 고을의 색시나 처녀들은 이렇게 노래 부르면서 '군디', 곧 그네를 탄다. 그네 타기로 신바람 날리면서 사랑을 다짐하고 있다. 서로 타고 밀고, 밀고 타면서 사랑 노래를 읊고 있다. 날고 또 날면서 읊어대고 있다. 그네 타기는 사랑 타기다. 한데 그네 타기의 또 다른 민요가 전해져 온다.

오월이라 단옷날은 천중가절이 아니냐
수양청청 버들 숲에 꾀꼬리는 노래하네
후여넝출 버들가지 저 가지를 툭툭 차자
후여넝출 버들가지 청실홍실 그네 매고
임과 함께 올려 뛰니 떨어질까 염려로다
한 번 굴러 앞이 솟고 두 번 굴러 뒷이 솟아
허공중천 높이 뜨니 청산녹수 얼른얼른
어찌 보면 훨씬 멀고 얼른 보면 가까운 듯
올라갔다 내려온 양 신선 선녀 하강일세
난초 같은 고운 머리 금박댕기 너울너울
외씨 같은 두 발길로 반공중에 노니누나
요문갑사 다홍치마 자락 들어 꽃을 매고
초록 적삼 반호장에 자색 고름 너울너울

5월 단옷날, 옛 시절의 말버릇을 따르자면 그야말로 녹음방초

여인들의 그네 타기

가 한창일 때다. 이를테면 푸른 나무의 초록빛이 우거질 대로 우거진 때다. 그런 중에 위의 노래에서는 수양버들 나무에 매인 그네를 아씨들이며 처녀들이 타고 있는 정경이 꽃답게 그려져 있다.

노래 가운데서도 '허공중천 높이 뜨니 청산녹수 얼른얼른' 이 마디가 유별나다. 푸른 산이며 흐르는 강물, 가물가물 저 아래로 내려다보면서, 그네 타는 여인은 허공중천, 하늘 한가운데 두둥실 떠 있다. 한 마리의 날렵한 수리가 되어서, 학으로 변신해서 창공을 날고 있다. 절로 신이 안 날 수가 없다. 그래서 노래는 그네 타는 여인을 하늘에서 지상으로 날아서 내리는 '신선 선녀'라고 일컫고 있다. 천사라고 바꾸어 불러도 괜찮을 것이다. 그네 타는 아씨들의 신바람은 하늘에서 불어서 내린다.

노래에서 여인은 자색 고름 나부끼는 초록 적삼에 다홍치마 차림이다. 난초같이 고운 머리에는 금박댕기가 나부끼고 있다. 그렇게 몸치장하고 너울너울 그네 타는 여인은 그대로 커다란 꽃송이다. 노래대로라면 화사한 꽃이 눈부시게, 신명에 겨워서 그네를 타고 있다.

바로 화사한 꽃이 그네 타기에 몸을 내맡기고 있다. 신바람을 잔뜩 피우고 있다. 지난 시절 여인네의 그네 타기는 그토록 현란한 것이었다. 5월 단옷날, 화사한 그날에 남원의 광한루에서 그네 타고 있던 춘향 아씨에게 부사의 아들 이 도령이 한눈에 반하고 만 것은 바로 그 때문이었다.

날씬한 여인이 새가 되어서 날아오르고, 날아서 치솟고 하는 것이 바로 그네 타기다. 나는 것, 그것은 어린 시절이며 젊은 시절에 누구나 꿈에서 경험하고 있다. 어릴 적이면 누구나 새가 되고 비행기가 된다. 사춘기 남녀가 갓 성에 눈떠, 억눌린 욕망을 한껏 부풀려서 채우는 것이 나는 꿈으로 나타난다. 그것은 젊음의 터져나는 기운이고 폭발하는 정력의 표현이기도 하다.

젊어서 누구나 활화산인 것을 나는 꿈이 그려내 보인다. 한데 그런 꿈이 아주 멋지게 승화되어서 현실로 연출된 것이 다름 아닌, 저 그네 타기다. 그네를 타면서 어린 아씨들은 누구나 한껏 신바람에 젖는다. 흥이 하늘을 날고 신명이 창공을 난다.

영원히 억눌림이 없는 목숨!

영원토록 제약이 없을 삶!

그런 소망이 그네를 타고 하늘을 난다. 신명에 겨워서 창공을 난다. 그래서 널을 뛰는 여인들은 복되다. 그네를 타는 아씨들은 행복하다. 뛰고 나는 젊음, 신바람 타는 청춘이 사뭇 눈부시다. 현란하다.

돌고 돌고 돌고

강강슬래
강강슬래
산아 산아 추영산아
놀기 좋다 유달산아

강강슬래
강강슬래
꽃이 피면 화산이요
잎이 피면 청산이라

강강술래

강강술래

강강술래

청산 화산 넘어가면

우리 부모를 따르려나

가락 맞추어서 신나게 둥글둥글 돌아친다. 장단 따라서 신명나게 뱅글뱅글 휘몰아친다. 호남 바닷가의 들판, 대보름달 휘영청 밝은데 흰옷 차려입은 선녀들이 '달돌이 춤'을 추고 있다. 문득 바닷바람에 눈빛의 나리꽃송이들이 흔들리고 있는지도 모른다. 춤 따라서 달의 정기가 맴돌고 있다. 구름 사이를 비집고 달도 어깨를 으쓱댄다. 문득 노랫말이 바뀐다. 효심에 어린 노랫말을 물고 또 다른 사연이 읊어진다.

강강술래

강강술래

전라도의 수영은 강강술래

우리 장군 대첩이라 강강술래

장군의 높은 공은 강강술래

천추만세 빛낼세라 강강술래

  노랫가락을 따라 푸른 사연의 역사가 펼쳐진다. 달처럼, 달빛 받아 돈다고 해서 '달돌이'라고도 하는 강강술래는 우리 민속무용의 꽃이다. 둥근 원을 그리는 춤인 윤무輪舞의 정화精華다. 대보름과 한가위, 그 휘영청 달 밝은 밤에 젊은 아씨들이 무리 지어서 추는 춤, 그게 강강술래다. 달의 정기가 홀연 아씨들의 몸에 실려서 추는 춤, 그게 달돌이 춤이다. 잔물결로 철석이다가 이내 너울이 되어서 넘실댄다. 토끼 마냥 껑충대다가도 사슴처럼 뜀박질한다.

  늦은 봄, 들판 가득 풀꽃들이 바람결에 춤추고 있는 걸까. 햇살 눈부신 여름날, 바람 따라 짙푸른 보리 이삭들이 물결치고 있는 걸까. 멈칫멈칫 머뭇대듯 하다가 줄달음을 친다. 미끈미끈 미끄럼 타듯 발놀림하다가 내처 내닫기도 한다. 경중경중 잰걸음 치다가 덜컹덜컹 뜀박질을 친다. 박자를 갖추고 장단을 맞추어서 율동하고 도약한다. 음악의 신 뮤즈가 스스로 무용수가 되면 저렇지 않을까 싶다. 그런 갖가지 몸놀림과 율격으로 눈부시게 선문(線紋)이며 도형을 그려나간다. 곧은 선을 긋고 줄을 치면서 움직이다 뱀 같이 사행선(蛇行線)이며 나선을 그려낸다. 이내 동그라미를 그린다. 맴돌고 소용돌이치고 화방수가 되어 휘돈다. 눈이 뱅글뱅글 돌 정도로 신바람이 나고 신이 나게 된다. 드디어 강강술래는 신명에 지피게 된다. 달돌이 춤, 강강술래는 사람이 그 육체의 움직임으로 그려낼 수 있는 대로 별의별 무늬를 꾸며낸다.

달돌이 춤, 강강술래는 그토록 환상적이다. 달빛 받아서 춤춘다지만, 달이 오히려 눈이 부셔 고개를 돌릴지도 모른다. 현란하게 줄무늬를 그려내던 중 동그라미가 유달리 돋보인다. 그것은 물론 온달의 모양을 옮겨서 베낀 것이다. 온달이 문득 지상에 내리 선 모양이다.

한데 그처럼 동그라미를 그리는 것과 함께 앞에서도 말한 바와 같이 직선을 긋고 또 나선형을 그려내기도 한다. 그런 도형이며 선문(線紋)의 모양에 따라 장단도 변화를 일으킨다. 아주 느린 장단의 중모리에서 조금 가속도가 붙은 중중모리를 그친다. 이내 빠른 템포의 자진모리로 박차를 가하다가 곧장 휘모리로 올라선다. 그래서는 산조 춤이라고 해도 괜찮을 달돌이 춤은 자진모리나 휘모리 즈음해서 둥글게 회오리를 치고 화방수를 그려낸다. 빨라진 장단과 더불어서 휘몰아치는 회오리로 달돌이 춤은 그 역동하는 움직임의 최정상에 올라선다. 뱅글뱅글 어지러울 정도로 돌고 또 돌아친다. 산조의 절정이 온달이 된다. 춤꾼의 신바람도 절정에 오른다. 신이 날 대로 나서는 맹렬한 기세로 회오리치게 된다. 신바람이 화방수로 맴돌이를 돌고 또 돈다.

  그것은 한국인이 그 몸으로, 그 몸짓으로 소용돌이쳐서 피어낼 수 있는 신과 신바람의 으뜸이다. 대보름과 한가위의 휘영청한 달 기운이 신명나게 회돌이를 친다. 한국인이 그 몸으로, 그 몸짓으로 피울 신명이 더 바랄 데 없이 소용돌이를 치게 된다.

덩실덩실 어깨의 신명

한국인은 '춤 사람', 춤추는 사람이다. 춤은 한국인의 본색이고 본바탕이다. 한국인은 춤을 추어야 비로소 한국인이다. 그래서 그들이 추는 춤은 그 가짓수가 한없이 많다. 거의 무궁무진이다.

칼춤, 부채춤, 탈춤, 허튼춤, 어깨춤, 엉덩춤, 쟁강춤, 승무, 살풀이춤, 무당춤, 학춤, 병신춤, 상무춤, 곱사춤, 깨춤, 장구춤, 북춤, 버꾸춤…

한국인은 이렇게 갖가지로 춤을 춘다. 한데 그중 허튼춤만 해도 또 수없이 많은 춤을 포함하고 있다.

보릿대춤, 막대기춤, 도굿대춤, 황새춤, 거드름춤, 두레춤, 손춤…

이게 모두 허튼춤의 갈래들이다. 그뿐만이 아니다. '돌이'라는 이름으로 불려지고 있는 춤이 따로 있다. 대보름날, 걸립패들이 무리 지어 집집마다 돌아다니는 '집돌이'가 있는가 하면, 7월 백중날에 농악패들이 논둑을 타고 무리 지어 춤추는 '들돌이'도 있다. 또한 절에서 탑을 에워서 도는 춤인 '탑돌이'도 있다. 강강술래는 호남의 현지에서 따로 '달돌이'라고 일컬어진다. 이들 '돌이' 춤을 한자로 고쳐 말하자면 윤무(輪舞)가 될 것이다. 모르긴 해도 온 세계에서 이처럼 많은 가짓수의 춤을 추는 인종이나 민족은 없을 것 같다. 한국인은 단연 춤추는 민족이다. 춤바람, 그것은 한국 바람이다.

한데 한국인의 춤은 그 이름이 무엇이든 간에 일단 어깨춤이다. 춤사위, 곧 춤의 몸놀림에서 어깨가 맡아내는 몫이 압도적으로 크다. 어깨 놀림이 없고 어깻짓이 없으면 한국의 춤은 팻기를 잃는다. 제 구실 못하게 된다. 그래서 한국인은 어깻바람 날리면서 비로소 춤을 춘다.

하긴 춤에서만 어깨가 야단을 떠는 것은 아니다. 한국인의 몸짓, 몸놀림에서 어깨는 여간 요긴한 구실을 맡아내고 있는 게 아니다. 한국인의 몸맵두리며 몸동작에서 어깨는 다른 모든 신체의 부위를 젖히고 앞에 나선다. 그래서 한국인의 몸을 '어깨 몸'이라

신명나는 어깨춤

고 부를 수 있을 정도다.

국어사전에는 어깨에 동사가 붙어서 된 숙어(熟語)가 열 가지나 올라 있다. '어깨가 가볍다'면 몸이나 마음이 홀가분하다는 뜻이다. 이외에도 사전에는 '어깨가 무겁다', '어깨가 움츠러들다', '어깨가 으쓱거리다', '어깨가 처지다', '어깨로 숨을 쉬다', '어깨를 겨누다(겨루다)', '어깨를 걷다', '어깨를 나란히 하다', '어깨를 으쓱거리다' 등이 열거되어 있다. 그런가 하면 어깨에 다른 명사가 붙어서 된 복합어도 적지 않다. '어깨걸이', '어깨너머', '어깨너머문장', '어깨너멋글', '어깨동무' 말고도 달리 자그마치 열일곱 가지나 사전에 실려 있다. 이래서도 한국인의 어깨는 사뭇 내로라하다고 으쑥대기 마련이다.

　이와 같이 일상생활의 몸놀림이나 몸짓에서 어깨가 차지하는 비중은 상당하다. 그러니 당연히 춤사위에서도 어깨는 판을 치고 나설 수밖에 없다. 그 움직임의 모양새도 여간 다양한 게 아니다. 작게는 곰살가운 곰지락거림에서 크게는 움찔거림까지 변화가 일어난다. 강하고 약함이며 빠르고 느림에 걸쳐서 또는 드세고 부드러움 또는 높고 낮음에 걸쳐서 어깨가 여러 시늉, 여러 짓거리를 연출한다. 제대로 놀이판이나 춤판이 벌어지면 어깨는 제 세상을 만난다. 굿판이 벌어져도 마찬가지다. 풍물의 장단, 빠르고 느림, 강약에 맞추어서 어깨는 변화를 일으킨다.

　　으쓱으쓱, 들썩들썩, 곰작곰작, 움찔움찔, 덩실덩실, 곰지락곰지락, 달랑달랑, 너울너울, 출렁출렁, 하늘하늘, 흔들흔들…

　이토록 많은 의태어로도, 뭔가의 모양새를 본 딴 말로도 춤판의 어깨 놀림을 짚어내는 데는 넉넉하지 않다. 이처럼 어깨는 다양하고 변화 많은 모양새와 움직임으로 춤을 춘다. 우리의 춤은 그 본바탕이 어깨춤이다. 물론 고개며 머리도 춤사위에 껴든다. 물론 엉덩이가 차지하는 몫도 적지 않다. 오죽하면 '엉덩춤'도 있으니까 말이다. 그러나 머리며 엉덩이는 춤 전체로 따져서 도우미 구실을 넘어서지 못한다. 다리나 발도 마찬가지다. 춤사위에 쓰이는 몸의 다른 부분은 하나같이 어깨 놀림에 이바지하는 게 고작이다.

풍악에 맞추어, 타령에 맞추어 그리고 북이며 장구에 맞추어 한국인이 춤을 출 때, 그게 엇모리나 자진모리, 휘모리장단에 맞춘 것이 될 때, 한국인의 춤바람은 한결 더 심하게 어깻바람이 된다. 그래서 어깨는 신바람을 날리고 신명 바람을 몰아붙이게 된다. 한국인은 그 어깨에 신바람을 싣는다. 그들 어깨는 신명 바람이 회오리치고 소용돌이치는 터전이 된다.

탈로 풀다

우리 한국인의 가장 신명나는 신바람의 춤판, 그게 탈춤이며 가면극이다. 온 고을 온 마을이 흥청댄다. 신들린 듯이 날뛴다. 신명이 화산처럼 폭발한다. 탈꾼은 하나같이 춤판에서 덩싯댄다. 으쓱거리고 노닥거린다. 까불대는가 하면 익살을 떤다. 양반의 하인 역을 하는 여자 초라니의 방정에 질까 보냐고 사내 말뚝이가 요사를 부린다. 춤판을 에워싸고 있는 구경꾼들도 구경만 하는 것이 아니다. 하나같이 소리 지르고 웃고 손뼉 치고 다리를 구른다. 광대들이 얼굴에 쓰고 있는 바가지탈조차 아가리를 크게 벌리고 웃어대는 듯 느껴질 정도다.

　부산의 수영이나 동래의 '들놀음(야유)'에서는 탈춤이 시작되기

전에 모여든 관중들이 미리 소란을 떤다. 구경꾼의 처지인데도 하나같이 어울려 덧뵈기춤을 추면서 온 무리가 신바람을 피운다. 난리를 떤다. 미친 듯이 집단의 난무_{亂舞}가 요란을 떤다. 그래서 들놀음에서는 탈꾼이 한층 더 강단을 부리게 되어 있다.

그런가 하면 경남의 가산, 고성, 진주 등 여러 지역의 '오광대'에서는 탈춤 판이 끝나기가 무섭게 구경꾼이 탈꾼과 어울려서 야단법석을 벌인다. 그것은 집단적 광기_{狂氣} 부림이라고 해도 지나치지 않을 만큼 아우성이고 소동이다. 그 아우성이 탈춤놀이의 피날레가 된다.

이래서 '들놀음'의 경우나 '오광대'의 경우에처럼 탈춤은 한국인의 대표적인 신명풀이가 된다. 그것은 황해도며 경기도의 '산대놀이'에서도 추호도 다를 바 없다. 경북 안동의 '하회탈춤'에서도 마찬가지로 되풀이된다. 서민들의 질리고 질린 삶의 아픔, 눈물 젖은 서러움 때문에 얽히고 맺힌 것이 한순간에 풀린다. 당하고 시달리고 꺾인 사람들의 원과 한이 한 찰나에 삭아진다. 남녀 간의 욕정이 거의 노골적으로 터져 나오는 그 에로티시즘도 큰 몫을 다하게 된다. 지나간 시절, 한때 경북의 하회에서는 별신굿과 같이 벌어진 탈춤 판에서 양반과 각시가 혼례 치르고 아예 성행위를 연출해 보이기도 했다. 남녀 간의 노닥거림이 신명풀이가 되기도 한 것이다. 억눌림의 풀이가 된 것이다. 그런가 하면 악담이며 욕지거리로도 모자라 쌍소리마저 탈춤 판에서 아우성을 쳐댄다.

오줌에 씻겨 나와서는 똥물에 헹군 놈.

이런 게 탈춤 판의 욕이다. 어미 배에서 태아가 태어날 때의 모양을 두고 내뱉는 이 욕설은 흉측하기는 해도 그 수사법이 대단하다. 이렇게 말재주가 넘치면 옆에서 듣는 사람은 말할 것도 없고, 욕을 직접 먹는 욕가마리나 욕감태기조차도 빙긋 웃게 될지 모른다. 오죽하면 판소리 사설이나 민요에서 '욕 풍월'이 판을 치고 나설까. 입에 거품을 물고 욕지거리를 내뱉는 아가리질이 판소리며 탈춤에서는 풍월 구실을 맡고 있다. 한문 숙어인 '음풍농월 吟風弄月'의 줄임말인 풍월은 문자 그대로 바람결에 노래하고 달빛 맞추어서 글 짓는 것을 의미하지만, 보통 시를 읊는 것을 의미한다.

판소리나 탈춤에서 욕지거리를 내뱉는 것은 풍월하기와 마찬가지다. 욕설이 곧 시라니, 그 비유법이 뜻밖이다. 욕의 신분이 이토록 올라서 있는 보기는 따로 없을 것이다. 판소리나 탈춤에서는 욕으로, 악다구니로 신바람을 피우고 있다. 욕지거리와 욕설로 신이 나고 있다. 그래서 내친김에 욕의 보기를 또 들면 절로 재미가 솔솔 날 것 같다.

족제비 초상에 간 생쥐같이 웃기는.

족제비에게 생쥐는 먹이다. 생쥐의 원수가 족제비다. 그 원수

봉산탈춤의 말뚝이탈

놈이 죽은 초상집에 갔으니 생쥐는 얼마나 신이 날까. 웃고 또 웃을 것이다. 욕일수록 말재주가 돋보인다.

탈춤 판의 말뚝이나 광대 같은 서민은 으레 대단한 욕쟁이다. 이와 대조적으로 양반이나 승려는 정해놓다시피, 욕바가지다. 욕을 먹게 되어 있다. 욕쟁이와 욕바가지, 그게 곧 서민이나 민중과 양반이나 승려의 관계다.

한데 욕지거리 또는 쌍소리는 악담이 그렇듯이 분풀이고 화풀이일 수 있다. 그것은 억눌림이 또는 맺힘이 순식간에 폭발하는 소리다. 가슴이 후련해지고 노기가 웬만큼 삭게 된다. 그게 바로 욕 또는 쌍소리의 '카타르시스 효과', 즉 감정의 정화작용이다. 찌들고 얽힌, 짓눌린 감정을 홀딱 씻어내는 작용이다. 탈춤 판에서 쌍소리나 욕, 악담은 정신과 의사 노릇을 하고 문제의 해결사 노릇을 하게 된다.

재담이, 농지거리가 거들고 나서면 욕지거리는 기가 찬 단짝을 얻게 된다. 흔히 탈춤의 해학^{諧謔}을 짚어내면서 '소학지희^{笑謔之戱}'를 말하곤 하는데, 그것은 탈춤이 웃음과 익살의 놀이임을 지적하게 된다.

해학^{諧謔}의 '해^{諧}'는 '농지거리 해'라 읽고 '학'은 '농할 학'이라고 읽는다. 이래저래 농담이나 조롱, 놀림 같은 것을 가리키는 글자들인데, 두 글자가 합쳐서 해학이 되면 익살이나 놀림을 의미한다. 조선 중기의 전설적인 인물인 김삿갓이나 정수동의 행동과 말은 온통 해학으로 넘쳐난다고 보아도 좋을 것이다. 그래서 해학이란 말은 희극과 맞바꾸어도 크게 잘못은 없을 것이다.

한데, 탈춤 판에서 웃음과 익살은 욕과 쌍소리의 사촌이다. 욕설로 웃기고 웃음 터지게 욕지거리를 퍼붓는다. 둘 다 듣는 사람의 가슴을 후련하게 한다. 속 시원히 풀기에 이바지하는 것이다. 욕을 기틀로 목이 갈라지도록 터뜨리는 웃음, 얼굴이 찢어지도록 폭발하는 폭소는 탈춤에서 몸짓이나 대사보다 더 제구실을 해낸다. 욕이 터뜨리는 웃음, 웃음과 어울린 욕으로 탈춤은 서민의 맺힌 가슴을 속 시원히 풀어놓는다.

이처럼 맺힘과 풀림 사이의 모든 감정과 정서가 탈춤의 전체 과장을 이끌고 나간다. 가난해서 헐벗고 굶주린 나머지 잔뜩 맺힌 게 많은 백성, 신분이 얕아서 천대 받고 깔보임 당하면서 짓눌린 서민, 삶의 구석구석 원한과 억울함으로 주눅 든 사람들이 탈춤

판에서 삭히고 녹이고 풀려는 것이다. 탈춤은 사회적 약자들의 아픔을 다스리는 진통제 구실을 다한 것이다.

그래서 탈춤은 지난 시절 이 땅의 서민들의 삶을 연출해 보이게 된다. 조선의 사회에서 국가적 병폐이기도 했던 사회적인 모순과 그로 말미암은 갈등이며 분규가, 남김없이 탈춤 판에 연출된다. 그것으로 사회적인 맺힘을 풀고자 하는 것이다.

욕지거리와 쌍소리가 크나큰 구실을 맡아서 설치고 있다. 탈꾼도 구경꾼도 어울려서 요란을 떤다. 그래서 춤판만이 아니다. 온 고을, 온 마을이 야단법석이 된다. 이 경지를 영어로 말하면 '오지orgy'가 된다. 오지는 그리스 말 '오르기아orgia'에서 비롯된 것인데, '비밀스러운 종교행사'를 의미한다. 영어 사전에서 '오지'는 야성으로 즐거움을 누리는 것, 사납고 거칠게 흥청대는 것을 뜻한다.

탈춤 판은 한국의 오르기아다. 그것은 열광이고 흥청이며 탐닉이다. 무리 지어 미쳐 날뛰듯이 요사를 떠는 것이 바로 탈춤 판이다. 소란하게, 요란하게, 웃고 욕하고 농지거리하면서 막힌 것, 맺힌 것, 눌린 것을 모조리 왕창 풀자는 것이다. 정신의 소화제를 먹자는 것이다. 그래서 탈춤 판에서 한국인은 신명을 피우고 신바람을 날린다. 다들 신이 난다.

탈춤은 한국인이 집단으로 피운 신명이며 신바람으로는 단연 으뜸이다. 그 신바람 피우기는 선풍이고 폭풍 격이다. 어마어마한 회오리바람이고 돌개바람이 아닐 수 없다. 탈춤 판에서 서민은 약

신명나는 탈춤

자고 천한 족속이다. 이들 약자는 강한 자이면서 권력을 휘둘러대는 양반이며 관료와 맞서게 된다. 권력의 권權과 맞부딪치게 된다. 그런 한편으로, 승려들의 거룩한 세계, 그 신성 원리와 맞서게도 된다. 서민의 속俗됨이 성聖스러움과 대립하게 된다.

요컨대 서민은 그 약함으로는 양반의 '권'과 맞서게 되고 그 속됨으로는 중들의 '성'과 맞서게 된다. 이런 두 겹의 맞섬이, 그 대립이 결국 탈춤 판을 이끌어가지만 결과적으로 '약'과 '속'이 '권'과 '성'을 이기는 역전극을 벌이는 것이 다름 아닌 탈춤이다. 야구로 치면 9회 말 대역전극에 견주어도 괜찮을 것 같다. 그래서 탈춤에서는 꺾인 것이 곧추 서고 억눌린 것이 일어서고 맺힌 것이 풀리면서 신명을 돋우고 신바람을 내게 된다. 이렇듯이 신바람에 흥청대는 탈춤은 한국의 대표적인 가면극이다. 역사적으로 삼국 시대에까지 거슬러 올라가 고려와 조선을 거쳐 오늘날까지 이어져왔다. 초역사적인 연희며 놀이라고 해도 괜찮을 것이다. 그러기에 탈춤의 신명과 신바람은 수천 년 동안 변함없이 전해져 온 것이다.

오늘날 탈춤은 더러는 문화재가 되어서 온 나라에 거의 고루 전해져 온다. 북으로는 함경도의 북청 사자놀음에서 비롯하여 경기와 강원을 거쳐 경상에 이르기까지 널리 분포되어 있다. 한반도가 온통 탈춤 판으로 욱신댄다고 해도 크게 과장될 것은 없다.

열두 발 상무상무

상모춤은 한국의 신나는 민속춤이다. 풍물놀이라고도 하는 농악춤 치고 신나지 않는 춤이 없지만 상모춤의 신바람 날리기는 다른 춤을 압도한다. 상모춤 또는 상모돌리기에서는 단연 상모나 열두 발 상모가 돋보인다.

　상모춤에는 두 가지가 있는데, 하나는 꼭대기에 흰 새털이 달린 모자를 쓰고 머리를 돌려대며 추는 춤이다. 다른 하나는 꼭대기에 사뭇 긴 종이나 천이 달린 모자를 쓰고 추는 춤이다. 이것은 특별히 열두 발 상모춤 또는 열두 발 상모돌리기라고 한다. 어느 것이나 농악에서 전복戰服, 곧 조선 무관의 옷차림을 한 춤꾼이 추게 되어 있지만 아무래도 열두 발 상모돌리기가 한층 더 크게 신바람을 날리게 되어 있다.

　상모춤은 어지럽고도 현란하다. 보는 사람은 눈이 돌고 머리도 돌 지경이 된다. 춤꾼은 물구나무서기를 했다가는 날쌔게 날면서 곧추 선다. 그러면 열두 발 상모는 팔랑대다가 허공에서 수직으로 동그라미를 그린다. 춤꾼은 서서나 퍼질러 앉아서나 회돌이를 친다. 몸이 격렬하게 팽이처럼 돌아치면서 뺑뺑이를 돈다. 그와 함께 열두 발 상모는 허공에서 파도처럼 너울대다가 뱅글뱅글 소용돌이를 친다. 그뿐만이 아니다. 춤꾼은 거꾸로 누워서 뜀박질을 친다. 그러다가 순간으로 몸을 뒤집고 팔로 몸을 괸다. 그리고 요동친다. 그때 열두 발 상모가 휘날리면서 앞뒤로 반원을 그린다.

　이렇듯이 상모춤은 인간의 몸놀림으로 그려낼 수 있는 오만 가지 도형을 멋지고 신나게 그려낸다. 뜀박질이고 뜀뛰기인가 하면 솟구치기고 내리꽂힘이기도 하다. 내달리다가 몸을 뒤집는다. 제자리의 팽이와도 같은 뺑뺑이 돌림에 이어서 팔다리의 물결치기를 해낸다. 상모춤은 인간 몸놀림의 백과사전이다.

　상모춤은 어느 경우나 몸놀림이 날쌘 짐승을 닮는다. 토끼가 뛰고 고라니가 재주넘고 다람쥐가 까불댄다. 야생동물들의 무도회가 벌어진다. 그럴 적마다 열두 발 상모가 원을 그리고 파도를 치고 나풀대고 한다.

　열두 발 상모춤은 그래서 신바람의 춤이 된다. 열두 발 상모가 너울대고 휘날리고 하는 것과 짝을 맞추어서 신바람이 솟구친다.

한국인의 열정이며 정열이 춤으로 달아오르기에 이만한 게 따로 없을 것이다.

서녘에서 불어오는 바람 속에는
오갈피 상나무와
개가죽 방구와
나의 여자의 열두 발 상무상무

노루야 암노루야 홰냥노루야
늬 발톱에 상채기가
퉁수ㅅ소리와

서서 우는 눈먼 사람
자는 관세음

서녘에서 불어오는 바람 속에는
한바다의 정신ㅅ병과
징역 시간과

서정주의 〈서풍부〉에서는 이같이 '상무상무'가 회돌이치고 있다. 시가 왠지 사뭇 뜨겁게 불기운을 타고 있는 도가니 속 같다.

장단이며 가락에 따라서 취기며 광기 같은 것이 너울거리기도 한다. 아니 휘청대고 있다. 짤막한 시지만 읽기가 쉽지 않은 대목이 섞여 있다. 가령 '개가죽 방구'라고 했는데, 개가죽이 나무의 일종이라고 읽힐 수 있는가 하면, 개의 가죽을 발라서 만든 북의 일종이라고도 읽힐 수 있다. 그래서 '개가죽 방구'는 뜻밖에도 나무가 뀌는 방귀 소리를 가리킬 수 있는 한편, 방구라는 북의 울림을 가리킬 가능성도 있다.

그래서 시 구절은 바람 따라 설레는 나무의 흔들림일 수 있는가 하면, 바람에 따라서 흔들리는 나무들과 어울려서 울리는 방구라는 북의 두들김일 수도 있다. 낱말 두 개만 해도 이렇게 성가신데, 시 전체를 두고는 더 말할 게 못된다. 이토록 시는 어지럽다.

나무와 방귀, 아니면 방구 북과 여자의 상모춤과 노루와 퉁수 소리와 눈먼 사람과 관세음보살과 정신병과 징역 시간 등이 마구 섞이며 무슨 난동을 부리고 있는 것처럼 느껴지기도 한다. 온갖 것이, 섞이지 말아야 할 별난 것들이 한동아리가 되어서 난리를 떨고 있다. 소용돌이치고 있다. 거듭거듭 마냥 어지럽다.

그렇게 시가 온통 열정이며 정열로 들끓고 있는 중에, 열두 발 상모가 회돌이를 치고 있다. 어쩌면 시 전체가 상모춤, 열두 발 상모춤을 추고 있는지도 모른다. 사당패며 걸립패처럼, 시가 얼쑤얼쑤 춤추고 있을 것도 같다.

몸놀림도 날렵하게 엎어치고 뒤집히고 하는 상모춤, 몸이 물구나무서고 곤두박이치는 상모춤, 온몸이 회돌이치고 소용돌이치는 상모춤, 몸동작이 뛰고 날고 하면서 솟구치고 용솟음치는 상모춤. 그것은 혼돈의 물살이고 휘몰아치는 바람이다. 맴돌이하는 폭풍이다. 그런 중에 열두 발 상모가 그 모든 동작의 알림표가 되고 정수가 된다. 그게 '상무상무 열두 발 상무상무'다. 한데 서정주의 열두 발 상모 노래는 이로 그치지 않는다.

가을 논에서
노랗게 여문 볏 모개들이
'좀 무겁다'고 머릴 숙이면
'좋지 뭘 그러세요?' 하고
메뚜기들은 툭툭
튕기며 날고

그 메뚜기들의
튀어나는 힘의 등쌀에
논고랑의 새끼 붕어들은
헤엄쳐 다니고

그게 저게 좋아서
논바닥의 참게들이

고욤나무 밑 논둑길까지

엉금엉금 기어 나가면

'얼씨구절씨구 지화자 좋다'고

농군 아저씨들은 어느 사이인지

열두 발 상무를 단 패랭이를 쓰고서

그 기인 열두 발의 상무를

마구잡이로 하늘에다 내젓고 있었네

  풍성한 가을 들판, 벼가 황금빛으로 무르익는 논에서 축제가 벌어지고 있다. 벼 이삭 타고 메뚜기 뛰는 것과 어우러져 논고랑에서 새끼 붕어가 노닐고 있다. 곁들여 논바닥에서 참게들이 엉금엉금 무딘 춤을 춘다. 거기에 농군 아저씨들이 합세하고 있다. '얼씨구절씨구 지화자 좋다', 노래 장단 맞추어 열두 발 상모춤을 추면서, 상모를 마구잡이로 하늘가에 내젓는다. 벼와 동물들의 가을 신명에 뒤질세라 열두 발 상모가 신바람을 날리고 있다.

  한데 상모춤은 저 멋쟁이 건달들의 사당패나 걸립패만의 신바람은 아니다. 그것은 한국인의, 그것도 토박이 알짜 한국인의 신바람이다. 이 땅의 흙 기운, 물 기운이며 바람 기운에 서리고 서린, 오랜 내력과 전통이 춤추어대는 신명이고 신바람이다.

6장
새판을 짜자

우리 시대의 해원을 찾아서

우리 한국인은 신남이라는 고유한 징표를 가지고 있다. 신이 나지 않는다는 것은 어쩌면 우리가 한국인임을 포기하고 사는 것인지도 모른다. 신이며 신명이고 신바람인 그것으로 우리의 목숨은 펄펄 달아오른다. 우리들의 힘줄이 훨훨 날갯짓한다. 신 기운 오른 듯 신바람을 타고 신이 나 사는 것보다 좋은 것은 없으리라. 하지만 안쓰럽게도 신남이 우리의 징표이지만 우리가 언제나 그렇게 사는 것은 아니다. 결코 그럴 수도 없다.

인생에는 굴곡이 있기 마련이고 오르고 내림이 있고 또 풀림과 꼬임이 있다. 그것들이 말썽을 피워댄다. 흥망성쇠는 지난날의 역사에서만 되풀이된 것은 아니다. 개인의 삶도 엎치락뒤치락하기 마련이다. 우리의 삶도 꺾이고 질리고 막히면서 고되었고, 힘겨웠고 때론 처절하기까지 했다.

삶은 맺히는 것이다. 뜻대로 되지 않아서 맺히고, 소망이 막혀서도 맺힌다. 더러 훨훨 날아오르던 것이 언제 그랬느냐는 듯 곤두박질치기도 한다. 아무리 삶이 맺히고 풀림의 연속이라 하지만 우리는 지금 길게 꼬인 매듭을 풀지 못하고 있다.

지금 우리는 어떠한가? 오늘날 우리들은 요람에서 무덤까지 맺혀 있다. 엄마의 젖줄이 막혀서 맺혔던 애기는 늙어서 독거노인의 외로움으로 맺히고 만다. 오늘의 세상 되어가는 꼴, 경제가 욱신대는 몰골, 정치가 삐걱대는 꼬락서니가 우리들 사회다. 우리 삶의 목숨은 꽁꽁 묶여 맺혀 있다.

일이 꼬이고 뒤틀리면 마음도 꼬여 맺히게 된다. 바느질하는 여인네들의 실이 접히고 엉켜 맺히면 손을 놓아야 한다. 우리네 삶에 맺힘이 있듯이, 마음에도 맺힘이 있다. 인생행로가 문득 막다르게 되고 앞이 막히면 그것은 삶의 맺힘으로 받아들여졌다. 그러자면 절로 마음도 맺힘을 겪어야 했다.

맺힘은 삶과 마음의 종기 같은 것이다. 맨살에 그렇듯이, 목숨과 마음에 굳을 대로 굳은 무슨 딱지 같은 것이 박히는 것이다. 그것은 아프디아프고 서럽디서러운 응어리와도 같은 것이다. 실타래가 또는 끄나풀이 엉키고 꼬여서는 고리처럼 매인 것, 그것에 견주어질 것이 마음이며 인생에 박히는 것, 그게 맺힘이었다. 아리고 아리게 피가 맺힌다고들 하고 답답해 죽을 지경으로 가슴이 맺힌다고들 할 때의 바로 그 맺힘이었다.

그런 부정적인 맺힘의 극단에 원한이 있다. '원한이 맺혔다'는 것은 가슴에, 온 마음에 통째로 멍울이 맺혀서 더는 그대로 살기 어렵다는 뜻이 된다. 심리적인 고통, 정신적인 상처, 그런 것이 바로 '원한 맺힘'이다.

이래서 원한은 우리의 전형적인 정신의 장애가 되고 상처가 된다. 우리만의 트라우마, 곧 정신적인 상처가 되고 상흔傷痕이 된다. 마음이 할큄을 당하고 넋이 찢김을 당하게 된다.

맺힘은 한 사람만의 이야기가 아니다. 맺힘이 커지면 국가와 민족을 옭아맨다. 그리고 다시 얽힌 실타래는 사람과 사람을 반목시킨다. 우리 한민족의 더없는 상처이자 아픔은 남북 분단이다. 이미 반세기를 훌쩍 넘겼지만 남과 북 사이에는 오직 반목과 반감의 철책이 있을 뿐이다. 온 세계에서 단일민족으로 분단을 겪고 있는 나라는 우리뿐이다. 겨레의 비극이고 크나큰 민족적 맺힘이다.

남북 분단은 다시 대한민국을 분열시키고 맺히게 한다. 한국 내부의 이념 대립도 도를 더해가고만 있다. 종북, 반북, 수구, 진보, 성장, 분배와 같은 말들은 우리 사회의 맺힘을 상징하는 말들이다. 이념의 맺힘이다.

한데 분단이나 대립은 이에 그치지 않고 있다. 국회의원이나 대통령 선거판에서는 정당에 대한, 또는 후보자에 대한 지지도가 지역에 따라서 달라지기도 한다. 지역의 공간적 경계가 이념적 경계를 구획하고 있는 것이다. 영남과 호남이라는 이유로 지지하는 정당이 달라지는 지역 간의 맺힘이 있다. 그런가 하면 소득의 격차는 양극화를 만들어냈다. 경제력이라는 이름으로 사회를 또다시 극과 극으로 갈라놓은 것이다. 이는 계층의 맺힘일 것이다.

한데 사회적인 갈등과 대립은 또 있다. 연령은 우리 사회에 갈등을 부르는 또 다른 요인이 된다. 나이 들 만큼 든 기성세대는 과거로부터 이어져온 가치관이나 윤리를 지키려드는 반면, 젊은 층에서는 진보나 사회 개혁에 부치는 새로운 꿈을 내세운다. 이 대립은 필경, 보수와 진보로 맞서게 된다. 앞의 맺힘이 후대로 이어져 세대 간의 맺힘을 만들어낸 것이다.

대립과 갈등은 우리 사회가 부정적이고 나쁜 방향으로 맺힐 대로 맺혀 있음을 보여준다. 사회가 구석구석 토막 난 채로 꼬이고 엉켜 있는 것이다. 그러면 온 사회가 원한에 사무치게 된다. 원한은 맺힘의 또 다른 이름이고 맺힘은 원한의 별명이다. 오늘날 우리 사회는 맺힘의 원한으로 아파하고 원한의 맺힘으로 고통받고 있다.

우리에게 지금 필요한 건 해원解寃이다. 해원이란 원한을 푸는 것이다. 전통적인 무당의 굿에서 가장 큰 몫을 차지하는 굿도 해원이었다. 지금껏 해원은 우리 자신의 몫이었다. 한국인은 누구나 자기 스스로 자신의 원한을 푸는 무당 구실을 감당해내었다. 그

183

점은 맺힘을 푸는 데서도 달라지는 바 없다.

원한에는 안과 밖이 있다. 어느 한 사람 내면의 것이 있는가 하면 남들을 또는 세상을 대하는 것이 있다. 앞의 것을 '자상自傷의 원한 맺힘', 또는 '내상內傷의 원한 맺힘'이라고 한다면, 뒤의 것은 '타상他傷의 원한 맺힘', 또는 '외상外傷의 원한 맺힘'이라고 부를 수 있을 것이다.

자기 스스로 무엇인가를 마음먹고 하다가 그게 그만 자기 잘못으로 영영 어그러지거나 잘못되고 말았을 때, 그게 원통해서 원한은 안으로 맺히게 된다. 자기 한탄을 하고 자기 원망을 하게 된다. 이와는 대조적으로 스스로 하던 일이 남들 탓에 또는 세상 탓에 꺾이고 말면 원한은 밖을 향하게 된다. 남의 탓, 세상 탓을 하게 된다. '망할 놈의 세상!' 하며 그렇게 가슴을 치게도 된다.

그러나 질곡에 빠져 허우적거리기만 하는 건 우리가 아니다. 우리가 해원을 감당해왔듯 우리는 항상 어려움을 이겨내는 방법을 찾아왔다. 맺힘이란 것도 나쁜 것만은 아니다. 나무는 열매를 맺어야 하고 사람은 좋은 인연을 맺어야 한다. 맺혀 결실을 만드는 가을은 그래서 으뜸으로 보람차다. 또 그런 맺힘은 우리 인생을 꽃밭으로 만든다. 이처럼 우리는 맺힘이란 말을 긍정적으로 써왔다. 그래서 맺힘의 부정은 풀림이고 또 맺힘의 긍정도 풀림이다. 우리는 이제 풀어야 할 때를 맞고 있다.

스테이츠맨을 바라며

'정치'란 그 말은 매우 요상하다. 나라며 국민을 위해서 봉사하는 바람직한 일이 정치인가 하면, 제 정당의 속내를 앞세우다 못해 제 속을 차리기 위해 꼼수를 부리는 게 정치이기도 하다는 것을 모를 사람은 없을 것이다.

정치하고 있네!

일반 시민들이 일상생활에서 내뱉는 이 말은 고깝기가 이를 데 없다. 그 외마디는 '놀고 있네'와 별로 다를 게 없다.

미국인들은 정치인 또는 정치가를 일컫는 데 두 가지 낱말을 쓴다. 하나는 '폴리티션politician'이고 다른 하나는 '스테이츠맨statesman' 이다. 둘 다 우리말로는 별 수 없이 정치인이 될 것이다. 한데 영 어에서 '폴리티션'은 별로 달갑지 않은 말이다. 말로는 유권자를 비롯해서 시민이며 대중을 위하는 척하지만, 그것은 겉치레뿐인 게 바로 폴리티션이다. 얼렁뚱땅 수작 부리고 제 몫만 챙기려드는 꼴을 비웃으면서 "그자, 폴리티션이야!"라고들 흉보는 말이 다름 아닌 폴리티션이다.

이에 비해서 국가와 유권자들을 위해 헌신적으로 봉사하는 정 치인이 곧 스테이츠맨이다. '정政은 곧 정正이다'라고 한 사람이 공 자였던가. 그 말이, 세상을 바르고 정당하게 이끌어나가는 것이야 말로 정치라고 한 그 말이 통하는 정치인이 곧 스테이츠맨이다. 그래서 스테이츠맨은 정치를 아예 국민이나 시민으로 하여금 신 바람으로 울렁거리게 할 것이다.

오늘날 한국의 각급 의회가 아예 '폴리티션'은 발을 못 붙일 곳 이 되었으면 좋겠다. 오직 '스테이츠맨'으로만 이루어지기를 바라 고 싶다. 대중적인 모임 치고 국회의원 입후보자들의 유세 현장만 큼 들끓는 모임도 드물 것이다. 바글거리고 우글대는 크나큰 모임 의 현장이 곧 의원 입후보자들의 유세장이다. 그것은 원칙적으로 대중들이 신바람 내고 신명에 겨워할 모임으로 그 유세장만 한 게 따로 없다는 것을 의미한다. 그것은,

"옳소!"

라고 하는 유권자의 박수 소리가 우렁차게 울릴 대표적인 현장,

"좋아!"

라고 하는 민중의 함성이 벼락처럼 울려 퍼질 현장, 그래서 신명과 신바람으로 아우성칠 현장이기 마련이다.

요컨대, 정치의 잘되고 못됨은 국민의 신바람 내기에 달려 있다. 그래서 언제 어디서나 각급 의원 후보자들의 유세장에서 일어난 국민들의 신바람이며 신명이, 정책이 실현될 국민들의 생활 현장에서도 벼락 치듯 하기를 바라고 싶다. '폴리티션' 없는 '스테이츠맨'만의 정치, 그것이 곧 국민의 생활로 하여금 신명으로 설레게 하기를 기도드리고 싶다.

리더십의 신바람

 우리는 어차피 무리 지어 살아간다. 남들과 어울려 함께 살아야 한다. 우리는 누구나 사회인이다. 공동체의 구성원이다. 우리는 남들과 더불어 비로소 존재하게 된다. 구체적으로, 또 직접 내놓고 그런 것은 아니지만, 간접적으로나 마음으로나 어차피 이웃과 손잡고 남들과 어깨동무하며 살기 마련인 것이 인간이다. 남들과 눈에 안 보이는 손을 맞잡고 우리 개인은 살기 마련이다.
 그래서 사회적인 규모의 신바람이 활기차게 피워져야 한다. 우리들은 수시로 무리 지어서 신바람을 피워대고 있다. 야구나 축구, 아니면 농구나 배구 경기장은 관중들의 신바람으로 노상 뜨겁게 설레고 있다. 그중에도 야구나 축구는 경기장의 규모가 크고 관중의 수도 쉽사리 2~3만을 넘기는 만큼, 거기 피어오르는 신명이 엄청나다. 한바다의 너울인 양 박수 소리, 고함소리가 천지를 진동시키는 만큼 신바람도 여간 요란한 게 아니다. 벅차고 또 벅차다. 야구라면 '홈런!' 한 방에 천지가 출렁댈 만큼 함성이 터져 나온다. 신바람으로 관중석은 진도 7의 격진이 일어나고 만다. 그만큼 신바람이 소용돌이친다. 축구라면 '슛, 골인!'으로 같은 규모의 지진이 관중석을 휩쓸 것이다. 덩달아서 신바람이 불어댈 것이다.

오늘날 대중이 집단으로 피워댈 신바람으로는 운동 경기장의 것이 단연 돋보일 것이다. 물론 개인적으로 주식이 오르고 펀드가 솟구침에 따라 피우게 될 신바람이 대단할 테지만, 단체로 또는 집단으로 피우는 신명이며 신바람으로는 야구나 축구 경기장의 것이 으뜸갈 것이다. 한데 경기장의 관중석에서는 또 다른 신바람이 앞장선다. 치어리더들의 모습이 눈길을 끈다. 네댓 명 또는 대여섯 명이 한 줄로 서서 추는 날렵한 춤이 관중의 신바람을 부채질하고, 그에 더해서 응원 단장의 용솟음치는 몸놀림이 온 경기장의 신명을 돋우고 신바람을 부추긴다.

그것은 온 관중을 이끄는 리더의 신바람이라고 해도 괜찮을 것이다. 대중을 앞장선 리더십이 신바람으로 용솟음치고 있는 것이다. 리더십의 신바람에 따라 큰 무리가 설레고 흥청대면서 절규하고 외치면서 신명을 떨친다. 한데 운동 경기장이 아닌 일반 사회에서도 그만큼은 못해도 무리나 공동체, 단체가 피우게 될 신바람이 있어야 한다. 가장 앞에서 리더나 리더십도 설치기 마련이다. 그럴 때 한 무리의 우두머리는, 곧 리더는 남들 앞에 서서 신바람을 일으켜 비로소 리더십을 제대로 발휘하게 될 것이다.

공공 기관, 사회단체를 비롯해서 직장 등 우리 사회의 숱한 조직들에서 그 우두머리들이 앞장서 피워댈 신바람은 사회적 신바람이라 불러도 괜찮을 것이다. 이제 '상명하종', 이를테면 윗자리에 있는 사람은 명령하고 아랫자리에 처진 사람들은 복종만 하는 따위의 것은 아예 없어지거나, 하다못해 줄어들기라도 해야 한다.

이럴 때, '리더십'이란 말을 조심해서 써야 한다. 더러는 지도자라고 번역될 수도 있을 '리더'는 우쭐대고 잘난 척해선 안 된다. 문자 그대로 리더는 '앞에서 이끄는 사람'이다. 같은 무리에 속한 남들에 앞서서 힘겨운 일을, 어려운 일을 맡은 사람을 가리킨다. 말이 마차를 앞에서 이끌 때, 소가 달구지를 앞에서 끌 때, 그건 여간 고역이 아니다. 뒤따르는 사람들을 이끌고 앞장서야 하는 사람은 마차의 말이 되어야 하고 달구지의 소가 되어야 한다. 그것이 리더의 리더십이다.

조금 더 과장해도 좋다면, 리더는 기관차에 견주어도 괜찮을 것이다. 수십 량으로 편성된 열차를 이끌고 내달리는 기관차를 닮아야 비로소 리더십은 제구실을 하게 된다. 그리고 리더가 그 기관차를 빼닮은 역할을 맡아낼 때, 그것을 두고 신바람을 피울 수 있어야 한다. 기관차가 달리는 그 '칙칙폭폭'의 울림만큼 신명을 떨칠 수 있어야 한다. 기관차의 경적이 우렁찬 만큼 리더며 리더십의 신바람이 소스라쳐야 한다.

이런 대통령을 꿈꾼다

'대통령', 한자로 '大統領'이라 써놓고 보면 어마어마하다. 태산인 듯 우뚝하고 하늘인 듯 드높다. '큰 대大'니 위대할 수밖에 없는 데다, '근본 통統'에 겸해서 '다스릴 통統'이기도 해서 무시무시하다. 통감이나 통치라면 온 나라를 뜻대로 이끈다는 것이니 그 기세가 한바다의 너울만 같다. '령領'은 령대로 또 예사롭지 않다. 조선 시대, 왕에 버금가는 관리의 제일 높은 자리에 있던 삼정승의 우두머리를 영의정領議政 또는 영상領相이라고 했다. 영領 자가 갖는 다스림이란 뜻이 빛나 보인다.

그러니 문자 그대로 대통령은 온 나라며 국민을 다스리고 이끄는 사람이다. 조선 시대에 영상을 '일인지하 만인지상'이라고 했다. 한 사람 아래고 만 사람의 위라는 뜻인데, 위로는 오직 왕 한 사람이 있을 뿐이고 아래로는 온 백성이 딸려 있음을 의미한다.

그런데 영상領相이 아닌 대통령大統領은 그 위에 아무도 없는 셈이다. 이렇듯이 대통령은 그 글자나 문자부터가 대단하다. 대통령 본인보다 먼저 문자가 아예 기세를 돋우고 있다. 그러니 대통령은 여간 신나고 신명나고 신바람 나는 게 아닐 것이다. 신바람이 절로 우쭐대고 저절로 솔솔 나게 되어 있다. 북악을 등지고 있는 청와대에서는 언제나 신바람이 살랑댈 것이다. 온 나라 신명의 원천이 되어야 한다.

대통령은 온 국민의 거대한 신바람의 소용돌이 한복판에 자리 잡아야 한다. 선거 공약이며 구호에 거는 국민의 기대가 실현되고 채워지는 것에 따라서 엄청난 신바람이 국민들 사이에서 일어나야 한다. 국민들의 마음에 갈증이 가시고 그 시장기가 가심에 따라서 신명이 솟구치고 신바람이 불어대야 한다.

우선 민생 경제가 살아나야 한다. 워킹 푸어, 하우스 푸어, 에듀 푸어 등 갖가지 가난에 빠진 국민들에게 희망을 주어야 한다. 국민들의 계층 간 소득의 격차, 이를테면 빈부의 격차가 줄어들어야 한다. 직장의 기간제가 사라지고 임시직이니, 비정규직이니 하는 것들이 사라져야 한다. OECD 국가 사이에서 결코 좋은 축에 들지 못하고 있는 남녀 차별도 지워져야 한다. 마지막으로 학생은 입시 경쟁에서 해방되고, 학부모는 사교육비 부담에서 벗어나야 한다. 미래를 짊어질 우리 아이들의 행복지수는 전세계 최하위, 자살율은 최고라고 한다. 이를 개선하지 않으면 우리의 미래는 암담하다. 이런 시급한 몇 가지 문제와 관련해서 대통령은 당연히 해결에 앞장서야 한다. 밤잠도 잊고 전력투구해야 한다. 그래서 국민의 신바람을 돋우어야 한다.

한데 이제 바야흐로 국민들 사이에서 불러일으켜져야 할 또 다른, 엄청 값진 신바람이 있다. 그것은 다름 아니고 통일을 미리 내다볼 수 있는 경지로 남북 화해를 이룩해내는 일이다. 남북의 교류가 이룩되고 상호 방문의 문이 열리게 되는 일, 바로 그것이다. 휴전선은 지난날의 지도에만 남아야 한다. 그래서 피워질 신바람, 그것은 민족의 역사에 불어댈 신바람일 것이다. 아니, 민족의 역사 그 자체가 신명으로 넘치고 신바람으로 설레게 됨이다. 이제 바야흐로 청와대에 들어설 대통령은 이 크나큰 신명, 이 엄청난 신바람의 한복판에 자리 잡아야 한다.

에필로그
신바람을 되돌아보며

 오래도록 흥청댔다. 긴 시간 동안 머리말까지 일곱 마디에 걸쳐서 풀이와 신명을 이야기했다. 한국인의 행동거지, 생활 습관, 문화 등에 걸쳐서, 또한 한국인의 정서와 감정, 기분에 걸쳐서 설레는 신바람을 쏘일 대로 쏘였다. 풀이는 신바람의 시작이다. 그렇다. 우리의 목적지는 신바람에 있었다.

 신바람이 일면 절로 가슴이 뛰고 용솟음친다. 펄펄 날갯짓해서 푸른 하늘을 수리처럼 날 것도 같다. 한국인은 까마득한 상고 시대, 문화며 국가 제도가 제대로 자리 잡기 이전, 이른바 선사시대에, 그 신화시대에 이미 신바람을 피워댔다. 하늘에서 내리는 신을 몸으로 모셨다. 신 기운을 온몸에 실었다. 그것은 신 지핌, 신 들임이었다. 이 같은 접신은 무당이라야 치러내는 것인데도 예사 사람들이 무리지어서 겪어내었다. 가락(가야)의 백성들은 경남 김해시의 구지봉이란 산에서 그걸 겪었다. 그런 신 들임의 상태로 그들은 신이 나서 왕창왕창 신바람을 피워댔다. 그 장면을 《가락

국기》에서는 환희용약, 곧 기뻐 날뛰고 춤춘다고 했다. 땅을 파서 흙을 짚듯이 몸을 굽혔다 일으키기가 마치 용수철 같았다. 그것은 신 기운에 지핀 신바람이었다.

하긴 '신난다'의 신과 '신 들임'의 신은 서로 다른 말이다. 한글로는 같은 글자라서 헷갈리기 마련이다. '신명난다'의 신명과 '신명神明의 살핌을 받다'에서의 신명 또한 한글로는 같지만 서로 다른 말이다. 신난다의 신은 '신이야 넋이야 한다'는 그 신이다. 기분 좋고 흥에 겨운 마음 기운, 그게 곧 신이다. '신이 나서 춤춘다'고 하는 바로 그 신이다. 신이 나는 것을 흔하게 신바람이 난다고 한다. 이런 신은 신명이라고도 한다. '어깻바람'이라면 신이 나고 흥이 돋아서 어깨를 으쓱대는 것을 가리키는데, 어깨춤이라고 해도 상관없다. 신이 나면 어깻바람이 불고 어깨춤을 추게 된다.

한데 '신 들임'의 신은 하늘의 신이나 신령, 귀신이란 말의 바로 그 신이다. 이건 한문으로 '신神'이라고 쓴다. 우리의 민속신앙에서는 신명神明이라고도 한다. 그런데 가락의 백성들은 이 서로 다른 신이 하나가 되는 것을 겪었다. 뿐만 아니라, 서로 다른 두 신명을 한 덩치로 겪기도 했다. 그들은 하늘에서 내리는 신령의 기운을 몸에 싣고 신바람을 날렸다. 환희용약, 춤추었다고 가락의 신화가 일러주고 있다. 서로 다른 두 신이 하나로 어울리고 서로 다른 신명이 한데 어울린 것이다. 그것은 한국인의 가장 으뜸가는 신바람이고 신명이었다.

자그마치 5,000년 전, 그 까마득한 태곳적에 한국인은 그렇게 신바람을 내고 신명을 떨치곤 했다. 훗날의 한국인들은 그걸 물려받았다. 줄기세포로 물려받고 유전자로 상속 받았다. 신바람은 감정과 정서 그리고 마음에 실려서 우리의 전통이 되어 전해지고 또 전해져 왔다.

가락의 백성과 꼭 같은 신바람을 무당들이 으뜸으로 피워댔다. 그들은 신령 또는 귀신을 몸에 받아서 춤추고 점치고 남의 운세를 돋우어주었다. 가락의 신바람은 예사 사람들에게서는 마을굿으로 이어졌다. 서낭굿 또는 서낭제라고 하는 마을굿을 올리면서 사람들은 서낭신의 내림을 서낭대에 받아서 노래하고 춤추며 신바람을 날렸다. 온 마을이 굿판이 되고 신명판이 되었다. 쟁과리, 날라리, 북이며 장구 그리고 징 따위 풍물의 울림으로, 그 장단으로 온 마을에는 신바람이 회오리쳤다. 그럴 적에 마을 사람들은 누구나 풍물재비가 되어 흥청댔다. 그렇게 천 년, 이천 년, 삼천 년도 더 넘게 신바람이 마을에 불어댔다. 그래서 마을에 풍년이 깃들고 안녕이 찾아들었다. 그럴 때의 어깻바람으로 사람들은 까마득한 그 옛날 가락의 백성들처럼 환희용약했다. 그러면서 신바람은 이 땅에서 이 땅 사람들의 으뜸가는 목숨 기운이 되었다. 중세 이래로 오늘날에 이르도록 호남 지방의 그 아름다운 춤, 눈부신 춤인 강강술래는 대보름이며 한가위의 휘황찬란한 달 기운에 실려 신명이며 신바람을 피워댔다. 그럴라 치면 달빛도 신이 나서 어깨춤을 추어댔다.

그러자니 한국인들은 일상생활의 구석구석에서 신명을 돋우고 신바람을 피워댄 것이다. 풍년 든 가을 논바닥이 신명으로 흥청대고, 집집마다 벌어진 잔치판이 신바람을 날렸다. 그 전통은 오늘날 갖가지 축제에서 넘실대고 있다. 각 시군, 고을마다 으레 한두 개씩 치르는 축제, 그 많은 축제, 온 나라 안에 두루 수를 헤아릴 수도 없을 만큼 지천인 축제는 가락의 신바람을, 마을굿 풍물재비의 신바람을 오늘에 생생하게, 신명나게 되살리고 있다.

이제 온 겨레로서는 손꼽아 기다리고 있는 신바람이 있다. 통일의 그 아침, 그 까마득한 날 가락의 백성처럼 환희용약으로 신바람을 날리게 되기를 누구나 은연중에 바라고 빌고 있다. 한반도가 통으로 흥청댈 그 신바람! 그것을 신에게 빌고 신명에 기도하고 있을 것이다. 우리들 누구나.

꼬이고 맺힌 우리 삶, 풀어 새판을 짜자!
시대의 멘토 김열규 교수의 힐링 프로젝트

지은이 | 김열규

초판 1쇄 인쇄일 2012년 11월 23일
초판 1쇄 발행일 2012년 11월 30일

발행인 | 한상준
기획 | 임병희
편집 | 김현구 · 김민정
디자인 | 김경년
마케팅 | 박신용
종이 | 화인페이퍼
인쇄 · 제본 | 영신사

발행처 | 비아북(ViaBook Publisher)
출판등록 | 제313-2007-218호(2007년 11월 2일)
주소 | 서울시 마포구 연남동 567-40 2층
전화 | 02-334-6123 팩스 | 02-334-6126 전자우편 | crm@viabook.kr
홈페이지 | viabook.kr

ⓒ 김열규, 2012
ISBN 978-89-93642-45-2 03800

• 이 책은 저작권법에 따라 보호받는 저작물이므로 무단 전재와 복제를 금합니다.
• 이 책의 전부 혹은 일부를 이용하려면 저작권자와 비아북의 동의를 받아야 합니다.
• 이 도서의 국립중앙도서관 출판시도서목록(CIP)은 e-CIP홈페이지(http://www.nl.go.kr/ecip)와
  국가자료공동목록시스템(http://www.nl.go.kr/kolisnet)에서 이용하실 수 있습니다.
  (CIP 제어번호 : CIP2012005292)
• 잘못된 책은 바꿔드립니다.